Anonymous

Forschungen zur deutschen Landes- und Volkskunde

Anonymous

Forschungen zur deutschen Landes- und Volkskunde

ISBN/EAN: 9783743621978

Hergestellt in Europa, USA, Kanada, Australien, Japan

Cover: Foto ©ninafisch / pixelio.de

Weitere Bücher finden Sie auf www.hansebooks.com

DAS DEUTSCHE SPRACHGEBIET LOTHRINGENS

UND SEINE WANDELUNGEN

VON DER FESTSTELLUNG DER SPRACHGRENZE BIS ZUM AUSGANG DES 16. JAHRHUNDERTS.

VON

DR. HANS WITTE
IN STRASSBURG IM ELSASS.

MIT EINER KARTE.

STUTTGART.
VERLAG VON J. ENGELHORN.
1894.

Vorwort.

Als ich vor nunmehr vier Jahren meine Dissertation unter ähnlichem Titel erscheinen liess, musste ich erwarten, dass die in derselben versuchte Feststellung der Ausdehnung des deutschen Sprachgebietes in Lothringen zur Zeit des Mittelalters nicht in allen Punkten von überzeugender Kraft sein würde. Im wesentlichen beschränkt auf die Materialien des Metzer Bezirksarchivs, war ich bei einzelnen Ortschaften gezwungen, meine Schlüsse auf ein kaum ausreichendes urkundliches Material zu begründen. Ich selber konnte die von mir gezogene Linie nicht in allen ihren Einzelheiten für unanfechtbar und endgültig feststehend, sondern nur in ihrem allgemeinen Verlaufe für richtig halten. Hatte ich mich doch genötigt gesehen, einige von meinen Ergebnissen selber mit einem Fragezeichen zu versehen und auszusprechen, dass die Heranziehung von mir noch nicht benutzter Archivalien wenn auch kein völlig neues Ergebnis, so doch wahrscheinlich eine Veränderung der von mir gezogenen Linie in diesem oder jenem Punkte notwendig machen würde.

Bald nach Veröffentlichung meiner Dissertation wurde ich denn auch von den Herren Ministerialrat Baron Du Prel und Archivdirektor Prof. Dr. Wiegand in Strassburg auf eine mir bisher unbekannte wichtige Quelle, die in der dortigen kaiserlichen Universitäts- und Landesbibliothek aufbewahrten Reichskammergerichtsakten [1]), aufmerksam gemacht. Das Hauptmaterial indessen zu vorliegender Arbeit habe ich in den Monaten August und September des Jahres 1892 im Archiv des Departements Meurthe et Moselle zu Nancy gesammelt. Weitere wichtige Bestandteile sind den vom kaiserlichen Bezirksarchiv zu Metz neu angekauften Urkundenfonds, deren Ordnung grossenteils mir oblag, während dieser Arbeit entnommen worden. Für diese dem Cheltenhamer und dem Clerfer Fonds entstammenden Materialien konnten — da ihre Ordnung noch nicht endgültig abgeschlossen ist — bei Mitteilung der Belegstellen in den Fussnoten nur die vorläufigen Archivnummern genannt werden. Endlich seien noch einige urkundliche Materialien erwähnt, die ich in den letzten Tagen des Jahres 1893 im Archiv des Maasdepartements zu Bar-le-Duc gefunden habe.

An allen genannten Archiven haben mir die Beamten durch freundliche Aufnahme und bereitwillige Unterstützung meine Arbeit erleichtert.

---

[1]) Jetzt im Bezirksarchiv zu Strassburg.

Ihnen, sowie allen denen, die mich durch ihr teilnehmendes Interesse gefördert haben, sei hiermit mein aufrichtiger Dank ausgesprochen.

Wie schon oben angedeutet, handelt es sich in dieser Arbeit zum Teil darum, für die Ergebnisse meiner Dissertation, soweit dieselben nicht hinlänglich begründet erscheinen, neues, unanfechtbares Beweismaterial herbeizuschaffen, — und soweit sie sich dem Gewichte des neuen Materials gegenüber nicht aufrecht erhalten lassen, ihre Irrigkeit nachzuweisen und an ihrer Stelle das richtige Ergebnis zu gewinnen.

Wenn dergestalt die folgenden Blätter für meine Dissertation Ergänzungen und Berichtigungen enthalten werden, so werden sie sich andererseits auch für die Ergebnisse einer weiteren einschlägigen Schrift [1]) als nicht unwesentlich erweisen. Um hier nur eines herauszugreifen, so habe ich in genannter Arbeit den Nachweis zu führen versucht, dass die mittelalterliche Sprachgrenze in Lothringen, so wie ich sie in der Dissertation festgestellt habe — natürlich von kleinen Unrichtigkeiten und Verschiebungen im einzelnen abgesehen, — bestanden hat von der Zeit der Ausbildung zweier geschlossener Sprachgebiete an bis zum Beginne des Rückganges des Deutschtums im grösseren Stile, also bis zur Wende des 16. zum 17. Jahrhundert; und dass auch in früherer Zeit niemals dichtere Massen deutscher Bevölkerung sich über diese Linie hinaus erstreckt haben. Dadurch, dass ich jetzt in der Lage bin, auch aus den Orten jenseits der mittelalterlichen Sprachgrenze zahlreiche und frühe Flurnamennennungen mitzuteilen, wird jener Nachweis die Bedeutung einer unanfechtbaren Thatsache erlangen.

Im ersten Kapitel werde ich mich darauf beschränken, die neuen Thatsachen zur Feststellung der ehemaligen Sprachgrenze ohne eingehendere Erklärung nach Ortschaften geordnet zusammenzustellen, in der Reihenfolge, die ich auch in meiner Dissertation beobachtet habe, d. h. der Sprachgrenze von Nordwesten nach Südosten folgend. Eine nähere Erläuterung dieser urkundlichen Materialien scheint mir besser in besonderen Kapiteln und in zusammenhängender Darstellung als verzettelt und unsystematisch unter den einzelnen Ortschaften zu erfolgen.

Die beigegebene Karte wird hoffentlich manchem ein willkommenes Hilfsmittel zur Orentierung sein. Für ein eingehenderes Studium halte ich indessen den Vergleich mit einer von mir an anderem Orte gegebenen und auf anderen Prinzipien beruhenden Karte[2]) für erforderlich.

Wenn es mir gelungen sein sollte, im folgenden ein einigermassen anschauliches Bild von den Nationalitätsverhältnissen Lothringens in längst verflossenen Jahrhunderten zu zeichnen, so hoffe ich, dass auch diese Blätter wieder Zeugnis ablegen werden von der unverwüstlichen Kraft und Zähigkeit unserer Nationalität, die — wenn auch zeitweilig durch eine unglückselige politische Entwickelung geschwächt und erschüttert — doch niemals gebrochen werden kann.

Strassburg im Januar 1894.

Der Verfasser.

---

[1]) Witte, Deutsche und Keltoromanen in Lothringen nach der Völkerwanderung. Die Entstehung des deutschen Sprachgebietes. Strassburg 1891 (Heitz und Mündel).

[2]) Deutsche und Keltoromanen a. a. O.

Inhalt.

	Seite	
Vorwort	409	[3]
Inhalt	411	[5]
Verzeichnis häufiger Abkürzungen	412	[6]
I. Neue Materialien zur Feststellung der mittelalterlichen Sprachgrenze Lothringens	413	[7]
II. Deutsche Sprachinseln in Welsch-Lothringen	463	[57]
III. Frühester Rückgang im Gebiete der zusammenhängenden deutschen Siedelungen	467	[61]
IV. Entstehung der frühesten deutsch-französischen Sprachgrenze	477	[71]
V. Letzte Erfolge des Deutschtums	487	[81]
VI. Anhang. Zur Nationalitätsbestimmung der „Weilerorte"	505	[99]
Ortsnamenverzeichnis	532	[126]

Verzeichnis häufiger Abkürzungen.

B.A.D.	=	Bar-le-Duc, archives départementales.
de Wailly	=	de Wailly. Notice sur les actes en langue vulgaire du XIIIe siècle, contenus dans la collection de Lorraine à la bibliothèque nationale. Paris 1878.
Diss.	=	Dissertation (Witte, Zur Geschichte des Deutschtums in Lothringen. Die Ausdehnung des deutschen Sprachgebietes im Metzer Bistume zur Zeit des ausgehenden Mittelalters bis zum Beginne des 17. Jahrhunderts. Abgedr. im „Jahrbuch der Gesellschaft für lothringische Geschichte und Altertumskunde". Jahrgang 1890).
M. Bz.A.	=	Metz, Bezirksarchiv.
M. St.A.	=	Metz, Stadtarchiv.
M. St.B.	=	Metz, Stadtbibliothek.
N. A.D.	=	Nancy, archives départementales.
R. K.G.	=	Reichskammergerichtsakten (gegenwärtig im Str. Bz.A.).
Str. Bz.A.	=	Strassburg. Bezirksarchiv.

I. Neue Materialien zur Feststellung der mittelalterlichen Sprachgrenze Lothringens.

Bevor ich zur Mitteilung der neuen für die Festlegung der nationalen Besitzverhältnisse Lothringens im Mittelalter entscheidenden Thatsachen schreite, mag mir eine kurze Vorbemerkung gestattet sein. Das Kapitel, welches ich jetzt beginne, steht im engsten Zusammenhange mit dem letzten Abschnitte meiner Dissertation, indem es die notwendigen Ergänzungen und Berichtigungen zu den dort mitgeteilten Materialien enthält, ohne jedoch auf vollkommen gleichen Prinzipien zu ruhen. Um das Gemeinsame vorweg zu nehmen, so haben mir hier wie dort als ergiebige Quellen gedient die Flurnamen in erster und die Personennamen bezw. Familiennamen in zweiter Linie.

Was die allgemeinen Gesichtspunkte, welche mich bei der Benutzung dieser Quellen geleitet haben, anbetrifft, so muss ich auf die Einleitung zum letzten Kapitel meiner Dissertation verweisen. Die umfänglichen und ausserordentlich inhaltreichen Archivalien, deren Benutzung mir inzwischen möglich war, haben mich zu einer wesentlichen Aenderung meiner Stellung in dieser Frage nicht veranlassen können.

Dass die Flurnamen für die Nationalität des Ortes, in dessen Gebiete sie genannt, unbedingt beweisend sind, an dieser festen Grundlage meiner Untersuchungen wird wohl niemand rütteln. Eine Verschiedenheit der Auffassung ist nur darüber möglich und besteht thatsächlich, inwieweit sich die Flurnamen zur Bestimmung und chronologischen Fixierung der Entnationalisierung eines Ortes eignen. Mit einem Worte, es handelt sich um die Frage des Verschwindens der Flurnamen. Wenn ich auch in meiner Dissertation die Möglichkeit des Weiterbestehens z. B. deutscher Flurnamen nach vollzogener Romanisierung, wie mir scheint, hinreichend betont habe, so stehe ich doch nicht an, zu erklären, dass es aus praktischen Gründen zu empfehlen gewesen wäre, den Hauptnachdruck nicht gerade auf das Verschwinden der Flurnamen der verdrängten Sprache zu legen. Denn unser Ziel muss doch sein die möglichst genaue chronologische Feststellung der vollzogenen Entnationalisierungen, seien sie nun Germanisierungen oder Romanisierungen. Wenn aber z. B. die deutschen

Flurnamen eines Ortes schon grösstenteils verschwunden sind, so muss seit der Romanisierung schon eine geraume Zeit verflossen sein [1]). An eine genaue Zeitbestimmung ist dann natürlich nicht mehr zu denken, wohl aber wenn man sein Hauptaugenmerk nicht auf dies Verschwinden, oder sagen wir lieber Schwinden, sondern auf die damit im engsten Zusammenhang stehende, aber gegensätzliche Erscheinung, das Eindringen der Flurnamen der obsiegenden Sprache richtet.

Wo immer eine Sprache auf ein ihr bisher nicht angehöriges Gebiet übertragen wird, da setzt sie sich sofort mit dem neu errungenen Boden in die engste Verbindung, ergreift gleichsam Besitz von ihm, indem sie dem Auge auffallende, die Landwirtschaft hindernde oder begünstigende Oertlichkeiten und Fluren mit eigenen Ausdrücken belegt. — In meiner Dissertation konnte ich unter St. Quirin zahlreiche Belege für die dergestalt geschaffene doppelte Flurbenennung beibringen. — Erlangt dann die neue Sprache die Alleinherrschaft in dem Orte, so werden sämtliche der alten Sprache angehörigen Flurbezeichnungen entbehrlich, für welche die neue einen eigenen entsprechenden Ausdruck geschaffen hat. Diese werden in nicht langer Zeit unbedingt verschwinden.

Nun hat aber die neue Sprache nicht für sämtliche Flurgegenstände eigene Namen erzeugt. Viele hat sie aus der altheimischen Sprache übernommen. Diese haben natürlich eine bei weitem längere Lebensdauer. Mit einer gewissen Berechtigung kann man sogar behaupten, sie seien unvergänglich, wenn auch die verderbten Formen, unter denen sie in späterer Zeit fortleben, in vielen Fällen nicht einmal ihre ursprüngliche Nationalität, geschweige denn ihre ehemalige Gestalt ahnen lassen.

Um also kurz zusammenzufassen: Eine sich ausbreitende Sprache erzeugt eigene Flurnamen, welche allmählich die entsprechenden der einheimischen Sprache verdrängen. Die übrigen (also übernommenen) Flurnamen werden mehr oder weniger korrumpiert.

Auf Grund dieser Formel wird es möglich sein, etwaige Entnationalisierungen zeitlich festzulegen; und zwar ist dabei zu beachten, dass eine Sprache, die auf ursprünglich fremdem Boden wenn auch nur vereinzelte Flurnamen geschaffen und ihre Anwendung in Urkunden der einheimischen Sprache durchgesetzt hat, an dem betreffenden Orte schon über ein beträchtliches Menschenmaterial verfügen muss, und dass es zur Annahme einer vollendeten Entnationalisierung keineswegs erforderlich ist, dass die Mehrzahl der Flurnamen der neuen Sprache angehöre. Eine statistische Methode, die sich auf die Berechnung des prozentuellen Verhältnisses deutscher und französischer Flurnamen einliesse, ist hier durchaus nicht am Platze. Es kommt alles auf die Art an, in welcher die Entnationalisierung vollzogen wurde: Handelt es sich um eine Entnationalisierung ohne erheblichen Wechsel der Bevölkerung, wie sie im kleineren Massstabe besonders heutzutage

---

[1]) Wenn ich in meiner Dissertation von einem Verschwinden der Flurnamen in kurzer Zeit gesprochen habe, so war das ein relativer Ausdruck, eine Zeitbestimmung, die natürlich nicht an der menschlichen Lebensdauer gemessen werden darf. Für derartige Vorgänge ist ein Jahrhundert noch kein langer Zeitraum.

durch Schule oder Kirche herbeigeführt werden kann, so wird sie sich auch nicht durch einen in die Augen fallenden plötzlichen Wechsel in der Flurbenennung kundgeben. Ist dagegen der Nationalitätswechsel — wie bei grösseren Veränderungen immer — herbeigeführt durch einen wirklichen Bevölkerungswechsel, d. h. durch ein beträchtliches Zuströmen anders sprechender Bevölkerung, so wird er sich auch durch eine grössere und schnellere Veränderung im Flurnamenbestande deutlich bemerkbar machen, besonders wenn die Einwanderung aus entfernteren Gebieten stammt und wie z. B. in Lothringen im 17. Jahrhundert nur noch kümmerliche Reste einer durch Krieg und Seuchen nahezu vernichteten einheimischen Bevölkerung vorfindet.

Leider ist die soeben skizzierte zeitliche Festlegung von Entnationalisierungen in unserem Gebiete nur selten möglich. Sowohl die verhältnismässig nicht zahlreichen über Frankreich zersplitterten germanischen Elemente, wie auch die jedenfalls beträchtlicheren im jetzigen linksrheinischen deutschen Sprachgebiete zurückgebliebenen kelto-romanischen Bevölkerungsreste wurden zumeist schon in einer Zeit entnationalisiert, in der die urkundlichen Quellen noch recht spärlich fliessen. Hier zeigen die vorhandenen Urkunden fast überall, dass die ursprünglichen Flurnamen schon verschwunden sind, die Entnationalisierung also gewiss schon seit langer, ungewiss seit wie langer Zeit vollzogen ist.

Nur hier und da an der Sprachgrenze war es mir möglich, den Versuch der zeitlichen Fixierung eines Nationalitätswechsels auf Grund gleichzeitiger urkundlicher Materialien zu machen.

Bei derartigen Untersuchungen ist vor allen Dingen darauf zu achten, in welcher Sprache die das Beweismaterial enthaltenden Urkunden abgefasst sind. Die sichersten Schlüsse werden in der Regel Urkunden in lateinischer Sprache ermöglichen. Denn diese steht gewissermassen unparteiisch zwischen oder über der deutschen und französischen Sprache, und wenn in lateinischen Urkunden mit der gewöhnlichen Formel „quod vulgo dicitur" Flurnamen eingeführt werden, so kann man in der Regel mit Sicherheit annehmen, dass die mitgeteilten Formen, ob deutsch oder französisch, wirklich am Orte in Gebrauch waren.

Ganz anders verhält es sich hingegen mit den in einer der lebenden Sprachen abgefassten Urkunden, und auf solche sind wir ja seit dem 13. Jahrhundert vorwiegend angewiesen. Um hier nur von der französischen Urkundensprache zu reden [1], so muss man bei Quellen, die in ihr abgefasst sind, stets mit der Möglichkeit der Uebersetzung deutscher Flurnamen ins Französische rechnen. Der besseren Anschaulichkeit wegen mag ein Beispiel angeführt sein: Eine von Metzer Amans im Jahre 1342 ausgestellte Urkunde führt im Banne des noch heute deutsch redenden Maxstatt folgende Flurnamen an:

---

[1] Denn ausser dem Lateinischen kommt fast nur diese bei der Bestimmung der ehemaligen nationalen Abgrenzung Lothringens in Betracht. Wenn es mir bald möglich sein sollte, meine Materialien über das Elsass zu veröffentlichen, so wird sich zeigen, dass die deutsche Urkundensprache ganz ähnlich verführt.

Terre que gist en Hertelinc;
„   „   „ en Grindel bu;
„   „   „ en Sivert saul:
„   •   „ a chamin des bous;
„   „   „ en Grewelinc;
„   „   „ en la vallee;
„   „   „ en aker;
„   „   „ en la voie d'Alletrippe;
„   „   „ en la voie de la Wilre;
„   „   „ sus le preit ala fontenne con dist Wulme;
„   „   „ en Cokebrouch [1]).

Die grössere Hälfte dieser Namen, wie Grewelinc, Hertelinc, aker u. a. sind ja zweifellos deutsch. Aber darin, dass sie nicht alle deutsch sind, zeigt sich der Einfluss der französischen Urkundensprache; denn dass zu jener Zeit Maxstatt ein rein deutscher Ort war, daran lässt sich gar nicht zweifeln.

In diesem Falle, wo es sich um einen mitten im deutschen Sprachgebiete gelegenen Ort handelt, lässt sich der Einfluss der französischen Urkundensprache mit Leichtigkeit abschätzen und daher ausscheiden. Wie aber, wenn Maxstatt in der Nähe der Sprachgrenze gelegen hätte? — Hätte man da nicht auf die Vermutung kommen können, dass sich in dem Orte schon ein gewisser französischer Einfluss geltend mache? Wenn man z. B. im Jahre 1334 im Banne des heute französisch redenden Kerprich bei Dieuze folgende Flurnamen genannt findet:

Terre on leu cum dit a Merammeborne;
„   „   „   „   „ a desour dez nowiers;
„   „   „   „   „ a Roullespar;
„   „   „   „   „ en la forterre;
„   „   „   „   „ en la longe roie;
„   „   „   „   „ en la roige terre;
„   „   „   „   „ en Erreborne;
„   „   „   „   „ pres dou Paikit;
„   „   „   „   „ a Dale;
„   „   „   „   „ a la Fontenel;
preit „   „   „   „ en Languemade;
„   „   „   „   „ deleis la crowee;
terre „   „   „   „ en Haustaille [2]),

also neben einigen noch dazu verstümmelten deutschen Formen echt französische Flurnamen (longe roie, forterre, Paikit u. a.), wie sie in rein französischen Gegenden überall vorkommen, soll man da diesen der Sprachgrenze nahe gelegenen Ort als schon nahezu oder völlig der Romanisierung verfallen auffassen? Oder wenn man einen Einfluss der französischen Urkundensprache auf die Gestaltung der Flurnamen annimmt, wie soll man dessen Stärke ermessen? Soll man sämtliche genannten französischen Flurnamen allein auf seine Rechnung setzen,

---

[1]) M. Bz.A., Fonds Cheltenham Nr. 506 (vorläufig).
[2]) N. A.D., II. 1250.

d. h. den Ort im Jahre 1334 noch für rein deutsch halten; oder soll man annehmen, dass die französische Urkundensprache lediglich vorhandene französische Elemente zu Ungunsten der deutschen in den Vordergrund geschoben habe; dass also der Ort zur Zeit schon im Prozesse der Romanisierung begriffen gewesen sei, wenn auch nicht in dem Masse, wie man bei kritikloser Annahme der mitgeteilten Flurnamen glauben müsste? Von diesen beiden möglichen Wegen würde der erstere angesichts des vorliegenden Materials überaus gewagt sein und sich aus diesem gar nicht begründen lassen. Und im zweiten Falle wäre es ohne weitere Materialien vollkommen unmöglich abzuschätzen, in welchem Masse die Urkundensprache die vorhandenen französischen Elemente gesteigert habe; zu entscheiden, inwieweit das Mitgeteilte den thatsächlichen Verhältnissen entspricht, und wieviel durch die Urkundensprache zu Gunsten des Franzosentums hinzugekommen ist.

Dies letztere, d. h. den Einfluss der französischen Urkundensprache auszumerzen, ist gerade die wichtigste Aufgabe bei derartigen Untersuchungen. Und diese Aufgabe ist um so schwieriger, als sich keine allgemeine Formel finden lässt, nach welcher sich der Einfluss der Urkundensprache feststellen und also auch eliminieren liesse. Im Gegenteil, dieser Faktor, mit dem wir bei jeder französischen Urkunde rechnen müssen, hat keine konstante, sondern eine stets wechselnde, schwankende Grösse. Es giebt französische Urkunden, in denen deutsche Flurnamen ohne Uebersetzung und mit kaum merklicher Korruption mitgeteilt werden, aber es giebt auch solche, die uns auf rein deutschem Boden zahlreiche französische Flurnamen erscheinen lassen. Das sind die beiden Extreme, und zwischen ihnen eine Unzahl von Abstufungen und individuellen Schattierungen. Wer will da allgemeine Regeln und Formeln zur Eliminierung des Einflusses der Urkundensprache aufstellen? Man muss eben bei jeder französischen Urkunde den schwankenden Faktor der Einwirkung der Urkundensprache besonders zu ermitteln suchen.

Aber so wie die Verschiedenheit dieses Faktors unsere Aufgabe erschwert, so ist auch sie es wiederum, die uns den Weg zur Lösung derselben weist. Dieser Weg ist die Vergleichung.

Es kostet mich selber einige Ueberwindung, für derartige Arbeiten, die ohnehin die Anhäufung ausgedehntester archivalischer Materialien erforderlich machen, auf eine besonders ausführliche Anlage der Sammlungen zu dringen. Aber der einzige Weg, Aufgaben wie die soeben skizzierte zu lösen, ist die Sammlung von Flurnamen aus möglichst vielen Quellen für jeden einzelnen in Frage kommenden Ort. Da sich in allen diesen Quellen der Einfluss der Urkundensprache in mehr oder weniger verschiedener Stärke zeigt, so wird es nicht schwer sein, ihn durch Vergleichung auszuscheiden.

Unser Beispiel Kerprich bietet einen ausgezeichneten Beleg für diese Methode. Nahezu gleichzeitig mit obiger Urkunde teilt eine zweite zahlreiche Flurnamen aus dem Gebiete desselben Ortes für das Jahr 1357 mit, wie folgt:

Jornal de terre giesent bi me Stůde;
toute sai partie dou roizol giesent bi Bullisi hongairte;
boix con dit Braidehairt;
terre zů Monneswyzen;
„ zů Xewarchenackere;
„ derrier la haye Woheraire;
„ zů Stůkelbornen off dem brůch;
„ devant lez vignes zů Otherswyzen;
„ trex off de Mayen bi Luchel wingarten;
boix con dit der Guere vor Xaffenersbergue;
preit in der nidersten Languemaden;
„ in der oberste Languemaden;
„ que dexandent de Edelbornen zů Languermaden;
„ in der Hůmaden [1]).

Halten wir diese Flurnamen, deren nähere Charakterisierung ich mir sparen kann, mit den 1334 mitgeteilten zusammen, so zeigt sich ebenso überraschend wie unbezweifelbar, dass die ao. 1334 im Gebiete von Kerprich genannten französischen Formen ohne Ausnahme ihr Dasein lediglich der Urkundensprache verdanken, dass also Kerprich zur Zeit noch ein rein deutscher Ort war.

Erwähnt muss noch werden, dass die Urkunde von 1334 von einem Bewohner Marsals an das Kloster Salival, diejenige von 1357 dagegen von einem Dieuzer Bürger an das Kloster Vergaville gerichtet ist. Der Ausstellungsort ersterer ist also nicht nur von dem Objekte weiter entfernt als der letzterer, sondern wahrscheinlich wurde diese auch von einem Deutschen, jene von einem Franzosen geschrieben.

Damit ist noch ein weiteres Kriterium zur Ausscheidung des fremdsprachlichen Einflusses auf die in der Urkunde überlieferten Namen gewonnen. Gestattet die Dürftigkeit des Materials keine Vergleichung, wie die oben bei Kerprich angewandte, so frage man: Wo ist die Urkunde entstanden? — Je entfernter der Entstehungsort der Urkunde von dem Orte der in ihr berichteten Handlung ist, um so mangelhafter pflegt die Ueberlieferung der Flurnamen zu sein, um so häufiger findet man Korruptionen und Uebersetzungen. So sind z. B. in den Metzer Amans-Urkunden die Flurnamen der deutschen Orte durchweg sehr schlecht überliefert, bis zur Unkenntlichkeit korrumpiert und häufig übersetzt, denn auch die nächsten deutschen Ortschaften waren immerhin ca. 10 km von Metz entfernt. Bei Benutzung von Grundstücksaufzählungen deutschnamiger Orte aus Metzer Urkunden kann man von vornherein mit Sicherheit annehmen, dass ein Teil der Namen ins Französische übersetzt ist und daher bei Beurteilung der Nationalitätsverhältnisse ausgeschieden werden muss.

Wer die aus den Jahren 1334 und 1342 oben mitgeteilten Flurnamen genauer betrachtet hat, dem dürfte schon aufgefallen sein, dass der Uebersetzung von Flurnamen doch recht enge Grenzen gezogen sind. — Man kann die Flurnamen scheiden in drei grosse Abteilungen: 1. wirkliche Flurnamen, wie z. B. aus unseren bisherigen Materialien

---

[1]) N. A.D., H. 2477.

„Hertelinc, Grevelinc, Wulme, Cokebrouch, Merammeborne, Roullespar, Erreborne"; also ganz bestimmte Bezeichnungen durch ein charakteristisches Wort, das in demselben Grade den kennzeichnenden Wert eines Namens hat wie die Familien- oder Ortsnamen. Aber nicht auf jedem einzelnen kleinen Teile der Feldmark eines Dorfes ruht eine solche bestimmte Benennung. Wird ein solches namenloses Grundstück verkauft, so muss es in der Kaufsurkunde näher bezeichnet werden. Das kann einmal geschehen durch Angabe des Besitzers und der Nachbarn — dadurch entsteht kein Flurname —; oder durch Herstellung einer Beziehung zu irgend einer benannten Oertlichkeit. z. B. „en la voie d'Alletrippe, en la voie de la Wilre", oder durch Erinnerung an seine Bedeutung für irgend einen landwirtschaftlichen Betrieb „a chamin des bous". So entstehen 2. zusammengesetzte Ausdrücke, die nicht eigentlich Namen des zu bezeichnenden Gegenstandes, sondern mehr eine Beschreibung seiner Lage sind.

Endlich giebt es 3. allgemeinere Ausdrücke, die dauernd auf einen bestimmten Teil der Feldmark bezogen, durch den prägnanten Sinn, in dem sie beständig angewandt werden, schliesslich den Wert von wirklichen Namen erlangen, z. B. „en la vallee, a Dale, en aker, en la longe roie, en la roige terre, pres dou Paikit, a la Fontenel, deleis la crowee, desous dez Nowiers".

Es muss auffallen, dass während Abteilung 1 ausschliesslich deutsche Namen enthält, unter 2 und 3 die französischen entschieden überwiegen. Wirkliche Namen werden eben nur sehr selten übersetzt, denn in sehr vielen Fällen ist ihre Uebersetzung unmöglich und auf alle Fälle zweckwidrig. Dagegen ermöglichen zusammengesetzte (2) Flurnamen stets eine wenigstens teilweise Uebersetzung, der sich nur der in ihnen enthaltene wirkliche Name entzieht. Von allgemeinen Ausdrücken hergenommene (3) Flurnamen sind der Uebersetzung schutzlos preisgegeben.

So wäre also noch ein drittes Kriterium für die Ausscheidung der Wirkung der Urkundensprache gewonnen. Man scheide die überlieferten Flurnamen in obige drei Klassen. Sind bei französischer Urkundensprache die französischen Formen auf Abteilung 2 und 3 beschränkt, so liegt Uebersetzung vor. Kommen dagegen auch in Klasse 1 französische Formen vor, wie z. B. „Chambeire, Sauwignon, Waccon, Cugnat, Rozat, Bapalme", so reicht diese Erklärung nicht mehr aus und es kann an einer Verschiebung der nationalen Besitzverhältnisse nicht mehr gezweifelt werden.

Was die Personennamen anbetrifft, so sind diese auch in vorliegender Arbeit für mich ein wichtiges Material zur Ergänzung und Kontrolle der Flurnamen gewesen. So wenig die altgermanischen Personennamen beweisend sind für die deutsche oder germanische Nationalität ihrer Träger, ein so zuverlässiges Material werden die Personennamen — richtige Anwendung vorausgesetzt — gegen das 13. Jahrhundert, d. h. mit der Entstehung der Familiennamen. Aehnlich wie die Flurnamen im Munde des Volkes frei entstanden, sind die Familiennamen von Hause aus ein ebenso untrüglicher Ausdruck, ein ebensowenig misszuverstehendes Selbstbekenntnis der Nationalität wie diese. Der in die Augen springende Unterschied zwischen beiden ist nur der, dass die Flurnamen Oertlichkeiten, also unbewegliche, an eine bestimmte Stelle gebannte Gegenstände, die Familiennamen hingegen Personen, also lebende, mit der Fähigkeit willkürlicher Ortsveränderung begabte Wesen bezeichnen.

Dieser Unterschied ist bestimmend für die Art der Verwertung beider als wissenschaftlicher Quellen. Da die Beweiskraft beider sich zunächst auf denjenigen Ort beschränkt, in welchem sie entstanden sind, so ist ein einzelner gefundener Flurname in jedem Falle ein Moment von hoher Beweiskraft. Denn er ist an den Ort seiner Entstehung gebunden[1]) und zeigt uns mindestens, welche Nationalität den Ort einmal bewohnt hat. Man wird vielleicht sagen: „Das ist recht wenig; so viel beweisen ja schon die Ortsnamen selber." Gewiss, viel ist es nicht: Zur Datierung der Dauer einer Nationalität an einem bestimmten Orte kann ein einzelner Flurname nicht ausreichen. Dazu bedarf es eines weit umfassenderen Materials. Und wenn man für einen deutschnamigen Ort einen einzigen deutschen Flurnamen findet, so beweist dieser, wenn er nicht etwa in einer allen Zweifel ausschliessenden charakteristischen Flexionsform überliefert ist, allerdings nicht mehr als der Ortsname selber. Von wesentlichem Gewinn kann dagegen auch das Auffinden eines einzelnen deutschen Flurnamen in einem romanisch benannten Orte in der Nähe der Sprachgrenze sein. Hier erfahren wir durch ihn etwas Neues, nämlich dass dieser ursprünglich romanische Ort einer weitgehenden Beeinflussung durch das benachbarte Deutschtum ausgesetzt gewesen ist. In jedem Falle muss ein solcher Fund als Fingerzeig zur Aufsuchung weiteren urkundlichen Materials aufgefasst werden, damit festgestellt werden könne, ob dieser deutsche Einfluss stark genug war, um die Vollendung der Germanisierung des Ortes herbeizuführen.

Ganz anders verhält es sich mit den Familiennamen: Finde ich an einem Orte nur einen einzigen Familiennamen, und zwar z. B. einen deutschen, so kann dieser weder für die in der Urkunde angegebene, noch für eine frühere Zeit irgend etwas in Bezug auf die Nationalität des Ortes beweisen. Das ist nur dann möglich, wenn sich der Nachweis führen lässt, dass der Familienname in dem Orte, in welchem ihn die Urkunde erscheinen lässt, auch wirklich entstanden ist. In diesem Falle hat ein einzelner Familienname dieselbe Beweiskraft in Bezug auf Nationalität wie ein einzelner Flurname. Ja noch mehr, denn er ermöglicht eine Zeitbestimmung. Da die Familiennamen im 13. Jahrhundert auch in bürgerlichen und bäuerlichen Kreisen Fuss zu fassen beginnen, so muss ein Ort, in dem nachweislich ein

---

[1]) Es giebt auch Fluren, die durch Uebertragung den Namen von Familien erhalten haben. Für solche Flurnamen (ursprünglich Familiennamen) trifft natürlich das oben Gesagte nicht zu. Es ist daher bei ihnen mit grosser Vorsicht zu verfahren, denn so mancher von ihnen ist vielleicht durch eine eingewanderte Person von auswärts eingeführt.

deutscher Familienname entstanden ist, unbedingt im 13. Jahrhundert noch deutschredend gewesen sein.

Wenn indessen dieser Nachweis nicht geführt werden kann — und das wird in der Regel der Fall sein — so ist die Möglichkeit nicht ausgeschlossen, dass der Träger des Namens ein Eingewanderter, dass die übrigen mir unbekannten Familiennamen des Ortes z. B. französisch und dass daher der mir zufällig bekannt gewordene deutsche für die Nationalität des Ortes durchaus unbezeichnend ist.

Wenn es also schon bei den Flurnamen als wünschenswert bezeichnet werden musste, über ein ausgedehntes urkundliches Material zu verfügen, so ist dies bei den Familiennamen in noch viel höherem Grade der Fall. Mit Personennamen kann man nur dann erfolgreich operieren, wenn einem eine grössere Zahl solcher für jeden in Betracht kommenden Ort zur Verfügung steht. Unter der Voraussetzung sind sie ein sehr wohl brauchbares Material. Denn noch heute hat trotz der in den verflossenen Jahrhunderten stattgefundenen Verschiebungen von Volkselementen die grosse Mehrzahl der Deutschen deutsche, wie die der Franzosen französische Familiennamen. Und im Mittelalter, in dem die Familiennamen erst entstanden, entsprach demgemäss die sprachliche Zugehörigkeit dieser der nationalen ihrer Träger noch in weit ausgedehnterem Masse.

Wenn man daher in einer mittelalterlichen Urkunde eine beträchtliche Anzahl von Bewohnern eines Ortes genannt und ausnahmslos z. B. als Träger deutscher Familiennamen findet, so kann man getrost annehmen, dass der Ort mindestens seit der Entstehung der Familiennamen deutsch war und es zur Zeit der Urkunde noch ist, falls inzwischen nicht ausserordentliche Bevölkerungsverschiebungen stattgefunden haben sollten, die einem eingehenden urkundlichen und archivalischen Studium indessen selten entgehen. Durchaus verkehrt wäre es natürlich, auf Grund von nur wenigen Familiennamen und ohne jedes weitere Kontrollmaterial einen Ort für irgend eine Nationalität in Anspruch nehmen zu wollen. Denn ein einzelner Familienname ist nicht einmal für die Nationalität seines Trägers unbedingt beweisend; und wenn auch die grosse Mehrzahl der Angehörigen der deutschen Nation deutsche Familiennamen führt, so beweist doch im einzelnen Falle ein deutscher Familienname mit Sicherheit nur die deutsche Abkunft[1]) des Trägers, nicht aber seine deutsche Nationalität.

Man thut daher gut, die Familiennamen nicht als einzige Quelle anzuwenden, sondern stets im Zusammenhange mit den Flurnamen. Stehen einem letztere in reichem Masse zu Gebote, so kann man die Familiennamen ganz entbehren oder sich auf Anführung einiger charakteristischer Formen zur Illustration beschränken. Bei Mangel an Flurnamen werden die Familiennamen naturgemäss mehr in den Vordergrund treten.

Sehr wichtig und geradezu unentbehrlich sind die Familiennamen bei Feststellung von Verschiebungen der nationalen Besitzverhältnisse. Oben war gezeigt worden, dass in einem entnationalisierten Orte die

---

[1]) Und auch dies nicht in jedem Falle.

Flurnamen der siegreichen Sprache zunächst nur in bescheidener Zahl auftreten. Daher wird man sich zur Zeit nationaler Wandelungen kaum auf Grund der Flurnamen allein ein klares Bild von den obwaltenden nationalen Stärkenverhältnissen machen können, denn man kann diese unter keinen Umständen etwa dem prozentuellen Verhältnisse der beiderseitigen Flurnamen gleichsetzen. Beachtet man hingegen gleichzeitig die Familiennamen, so wird man sehen, dass diejenigen der vordringenden Sprache in weit höherem Prozentsatze vertreten zu sein pflegen als ihre Flurnamen. Begreiflich genug, denn bevor der erste z. B. deutsche Flurname im Gebiete eines ursprünglich romanischen Ortes entstehen konnte, musste eine namhafte deutsche Einwanderung stattgefunden haben. Auf Grund der Flurnamen allein wird man also die Stärke einer auf fremdem Boden vordringenden Nationalität meist unterschätzen. Nur die gleichzeitige Berücksichtigung der Familiennamen kann eine annähernd richtige Beurteilung — eine völlige dürfte kaum zu erreichen sein — ermöglichen.

Hier dürfte auch der Ort sein, einige Ausführungen über die Bedeutung der Vornamen für unsere Zwecke folgen zu lassen. Sie sind für uns nicht so wichtig wie die Familiennamen, denn in der Regel werden sie derselben Sprache wie diese angehören. In diesem Falle brauchen wir keine Notiz von ihnen zu nehmen, denn sie bieten nichts Neues. Interessant für uns sind sie zunächst nur dann, wenn sie nicht der Sprache des Familiennamens angehören. Das soeben verlassene Beispiel bietet auch für diesen Fall eine treffliche Erläuterung. In einem Orte, in dem soeben die deutsche Sprache die Oberhand erlangt hat, mögen etwa folgende Verhältnisse stattfinden: deutsche Flurnamen zu einem kleinen Drittel, die übrigen, also die Mehrzahl, französisch; deutsche Familiennamen etwa zwei Drittel. Wenn sich nun zeigt, dass die Glieder der zurückgebliebenen französisch benannten Familien deutsche Vornamen führen, so ist dies ein Beweis, dass sie bereits der Germanisierung anheimgefallen sind.

Vorausgesetzt ist dabei, dass dies die von den Leuten selber angewandten Vornamen sind und nicht etwa Uebersetzungen. So klar und schematisch, wie eben entwickelt, werden sich die Verhältnisse aus den Urkunden wohl niemals ergeben, denn auch hier, wie bei den Flurnamen, ist es die Verschiedenheit der Urkundensprache, die unsere Quellen verworren und ihre Benutzung zu einer komplizierten Arbeit macht. Wie die Flurnamen, so unterliegen Familien- und Vornamen der Uebersetzung. Und in der Regel findet bei Vornamen eine Uebersetzung häufiger statt als bei Familiennamen, aus dem einfachen Grunde, weil sie einem solchen Verfahren weniger Schwierigkeiten bereiten. Was den Flur- und Familiennamen in dieser Hinsicht einen Vorzug gewährt, ist der Umstand, dass bei ihnen eine noch so weit getriebene Uebersetzung in keinem Falle eine völlige Ausmerzung der einheimischen und ortsgebräuchlichen Formen herbeiführen kann. Denn in beiden Gattungen giebt es eine grosse Zahl charakteristischer Formen, die sich schlechterdings nicht von einer Sprache in die andere übersetzen lassen. Die Uebersetzung wird sich hier vorwiegend auf die Benennungen allgemeinerer, weniger charakteristischer Art beschränken, wie es z. B.

an den oben mitgeteilten Namen aus dem Gebiete von Maxstatt und Kerprich deutlich hervortrat. Und was die Familiennamen anbetrifft, so ist eine Uebersetzung von Formen wie z. B. Müller, Bäcker, Schuster, Schneider u. s. w. sehr leicht zu bewerkstelligen und daher häufig geübt, wenn aber Familiennamen vorliegen wie Schefferhenzel, Strusing, Irmel, Laubrucker, Hellebütel, Schendegast, Spekmesser, Vogelsang, Eselhor, Hinkbein, Hebestrit, Mynnekusz, Weidehase, Schintdenbube, Heringhoubt u. a., wie sie in lothringischen und elsässischen Urkunden vorkommen, so wird wohl so leicht kein Urkundenschreiber auf den Gedanken kommen, dieselben ins Französische zu übersetzen.

Es verhält sich also ganz ähnlich wie oben bei den Flurnamen: Wenn eine Urkunde aus einem Orte sowohl deutsche wie französische Familiennamen mitteilt, dabei jedoch nur die leicht übersetzbaren Formen französisch, die charakteristischen deutsch sind, so ist der Schluss berechtigt, dass erstere die Uebersetzungen ortsüblicher deutscher Namen sind. Zur Ergänzung mag man dann auch die Vornamen heranziehen. Eine konsequente Uebersetzung sämtlicher Vornamen findet sich nicht häufig[1]); in den meisten Urkunden ist nur ein Teil der Vornamen übersetzt, und wenn sich daher in französischen Dokumenten trotz der ungünstigen Urkundensprache zahlreiche deutsche Vornamen erhalten haben, so ist dies ein Moment, das für die Annahme deutscher Nationalität nicht unwesentlich ins Gewicht fällt.

Aus obigen Ausführungen ergiebt sich, dass die nunmehr folgenden Mitteilungen neuer Materialien zur Feststellung der ehemaligen deutschfranzösischen Sprachgrenze hauptsächlich nach zwei Richtungen hin von den in meiner Dissertation enthaltenen abweichen werden: Einmal kann ich mich diesmal, wo ich den Stand des Deutschtums in Lothringen während des Mittelalters und des nächstfolgenden Jahrhunderts — soweit es meine Quellen erlauben — abschliessend behandeln möchte, nicht mit der Anführung weniger deutscher Flurnamen zum Beweise der deutschen Nationalität dieses oder jenes Ortes begnügen. Da das Quellenmaterial fast ausschliesslich in französischer Sprache geschrieben ist, so ist es schon wegen der oben behandelten Feststellung und Ausscheidung der Uebersetzungen deutscher Namen notwendig, ein ausgedehnteres Material beizubringen. Es war mein Bestreben, aus möglichst verschiedenen Zeiten Materialien über einen und denselben Ort mitzuteilen. Dadurch wird auch der Leser mehr in den Stand gesetzt sein, mit eigenem Urteile an die Dinge heranzutreten, als wenn ich mich darauf beschränkte, wenige ausgewählte Proben mitzuteilen nach vollzogener Ausscheidung des Einflusses der französischen Urkundensprache. Wenn es den Umfang meiner Arbeit nicht gar zu sehr erweitern würde, wäre es vielleicht das beste, wenn ich mein ganzes

---

[1]) Im allgemeinen sind in den französischen Urkunden die deutschen Vornamen mehr zur Geltung gekommen, als die französischen in den deutschen. Wenigstens ist in den deutschen Urkunden des Elsass die Uebersetzung viel weiter getrieben, als in den französischen Lothringens.

Flurnamenmaterial mitteilte. Denn nur so wäre es den Benutzern meiner Arbeit möglich gemacht, sich in voller Unabhängigkeit von mir ein eigenes Urteil zu bilden. Und wenn dieses dann in dem oder jenem Punkte von dem meinigen abweichen sollte, so könnte eine dadurch hervorgerufene Diskussion ja nur der Sache dienen. Da es mir jedoch die Fülle der Materialien unmöglich macht, alles mitzuteilen, so muss ich mich darauf beschränken, nur in den wichtigsten Fällen (d. h. besonders an Orten, in denen sich ein Wandel der Nationalität nachweisen lässt oder wo ein solcher aus irgend einem Grunde vermutet werden könnte) meine Excerpte vollständig zum Abdrucke gelangen zu lassen, in der Regel mich aber mit einem das Wesentlichste enthaltenden Auszuge zu begnügen.

Diese Mitteilung von Materialien aus verschiedenen Zeiten wird noch den weiteren Vorteil haben, dass durch sie eine Illustration der Dauer, des Vordringens oder des Rückganges des Deutschtums gegeben wird. Den eigentlichen Rückgang desselben zu schildern, habe ich auch diesmal nicht unternommen. Dazu sind besondere umfassende Vorarbeiten nötig, zu denen ich bisher keine Zeit habe finden können.

Weiter ist es ein Mangel meiner Dissertation, dass sie sich allzusehr auf die deutschen Ortschaften beschränkt und über die angrenzenden französischen, die ja eine willkommene Ergänzung des Beweises enthalten, nur selten ausreichende Materialien mitteilt. Auch diesem Mangel soll in den folgenden Blättern so weit wie möglich abgeholfen werden. Auch bei diesen Ortschaften war es mein Bestreben, aus möglichst verschiedenen und vor allen Dingen möglichst frühen Zeiten Materialien zu gewinnen, denn nur auf diese Weise kann der von mir an anderem Orte[1]) geführte Beweis, dass das deutsche Sprachgebiet Lothringens niemals erheblich über die von mir als mittelalterliche Sprachgrenze gezogene Linie hinausgegangen ist, eine in die Augen springende Bestätigung finden; und nur so ist es möglich, etwaige während der Zeit der reichlicheren Urkundungen eingetretene Veränderungen des nationalen Besitzstandes festzustellen oder die Unveränderlichkeit desselben zu erweisen.

Noch eins muss voraufgeschickt werden, bevor ich zur Veröffentlichung des Materials selber schreite: Es war natürlich unmöglich, in dieser Arbeit alles das zu wiederholen, was in meinen beiden früheren Schriften enthalten ist. Besonders die folgenden Mitteilungen der neuen Materialien werden hier und da einen etwas lückenhaften Eindruck machen, da eben nur das Neue mitgeteilt worden ist und über manche Orte sich solches nicht gefunden hat, andere wiederum der Mitteilung neuer Materialien nicht bedurften, da ihre nationalen Verhältnisse schon in meiner Dissertation genügend gekennzeichnet waren. Daher werden die hier zu behandelnden Ortschaften vielleicht keine so geschlossene Linie darstellen, wie es in der Dissertation der Fall war; einige Lücken werden unvermeidlich sein. Für diese sowie auch für die hier behandelten Ortschaften möchte ich schon jetzt auf meine Dissertation ver-

---

[1]) Witte, Deutsche und Keltoromanen u. s. w.

weisen. Durch Heranziehung des in ihr enthaltenen Materials werden die Lücken sich leicht ausfüllen lassen. Wie in meiner Dissertation gehe ich auch hier von Nordwesten nach Südosten, von der luxemburgischen Grenze zu den Vogesen. Und dort links der Mosel und jenseits der Reichsgrenze begegnet uns zunächst auf romanischem Boden
Audun-le-Roman (Aweduix la petite). Hart an das mittelalterliche deutsche Sprachgebiet angrenzend als Nachbarort von Bollingen und Bettstein (Bassompierre) zeigt es in einem undatierten Zinsverzeichnisse [1]), das der Handschrift zufolge etwa der Wende des 13. zum 14. Jahrhundert angehören muss, einen durchaus romanischen Charakter ohne jede merkliche deutsche Beimischung. Als charakteristischste Flurnamen seien folgende namhaft gemacht: „derrier les meizes, a la Pine, terre de Passenei, en Roucel, en Giroufontainne az tournieres, a Sowignon, a la Marche, en la longe roie, on fons, es Rais, es Cugnas, en la Courtiere, sus la fosse, sus la Marliere, sus la Parriere, sus la Menandie u. a. m.

In dem benachbarten Sancy, welches ebenso unmittelbar an die deutsch redenden Gemeinden angrenzt, finden wir entsprechende Verhältnisse. Eine Urkunde aus dem Jahre 1300 [2]) teilt aus dem Gebiete dieses Ortes folgende Flurnamen mit: „en Florichamp; es Fourxues; les tournailles; en Beliafosse".

Dass wir uns hier in der That auf altromanischem Boden befinden, zeigt weiter eine noch ältere lateinische Urkunde vom Jahre 1275 [3]), welche über das Audun-le-Roman benachbarte Mercy-le-haut folgende Worte enthält: „in parochia de Marziaco in territorio de Ruelanges ... adherentem semite dou corbier ut dicebant."

Von den gegenüberliegenden Ortschaften auf deutscher Seite sei zunächst das Audun-le-Roman namensverwandte Deutsch-Oth („Adoyth" 1347, „Auvedeu la thioxe" 1422 [4]) genannt. Ein Besitzverzeichnis aus dem Jahre 1347 [5]) enthält zahlreiche Flurnamen, die im Auszuge folgen mögen.

„Premierement on finaige de Messo: en Luppelstal, en me Junker, a Steinacker, of men Keyme, en Blencherwisen.

„Item en finaige de Vileir: a me Heydeboume, an der Laichen, zû Reynaiczalren.

„Item en finaige de Vackendal: en deme Brouch, en der Holgassen, an deme Meriel, op Averarcz berch, en Germancz aich, en la voie d'Esch, op Langerstein, op Selle."

Dass die Orte Nationalitätsbezeichnungen in ihrem Namen führen, ist in dieser Gegend keine seltene Erscheinung. Neben Audun-le-Roman und -le-Tiche findet sich eine solche noch bei Lare = Tiercelet [6]).

---

[1]) M. Bz.A., Cheltenham Nr. 617 (vorläufig). — Es mag gleich hier mitgeteilt werden, dass es sich immer um Urkunden französischer Sprache handelt, wo nicht ausdrücklich gesagt ist, dass sie in deutscher Sprache geschrieben sind.
[2]) Ebd., Cheltenham Nr. 662.
[3]) Ebd., Nr. 90.
[4]) Ebd., Cheltenham Nr. 3455, S. 67.
[5]) Ebd., Nr. 1976.
[6]) Vgl. Diss., S. 37.

So wird im Jahre 1333[1]) in einer Lehensaufzählung der Grafschaft Bar eine „Iehenne dame Leirs le tyoix en partie" genannt, und die alten Formen von Tiercelet lassen darauf schliessen, dass dieser Name weiter nichts ist als eine Korruptionsbildung aus der Umstellung des eben genannten Namens etwa in tyoix Leirs (Deutsch-Laar). Einiges Material über den Ort findet sich noch in den genannten Denombrements, so 1333[2]) „lai moitie de lai ville de Thiesxelleirs . . . ouyct faulciees de preit seant sor lai riviere de Chierf on leu com dict en Brucgue" und 1456[3]) „boix pres de la dite ville de Thiexeleix appelle la Seleide".

Ueber das benachbarte Thil enthält das letztgenannte Denombrement folgende Angaben: „terre on lieu condit a la Xauwerie, roie Baier dunepart; on fond de Villeruex trois jours de terre roie Michiel le genre Coincze dunepart et Peter (!) Micheweller dautrepart; item on fond condit Midendal friegarde cinq jours roiez Frunchin et Herman; item troix jours on lieu condit Vingartfel; item cinq jours on lieu condit a la Sleide roie Fruntchin et le scholetes (!); item sept jours on lieu condit of der Dellen; item sept jours on lieu condit Paradix[4])."

Andere Verhältnisse scheinen jedoch noch im Jahre 1333 in Villerupt („Villeruelz") geherrscht zu haben, soweit die Armseligkeit des archivalischen Beweismaterials überhaupt ein Urteil zulässt. Das Wenige wird uns ebenfalls in einer Lehensaufzählung der Grafschaft Bar mitgeteilt: „en lai Folie deleiz Villeruelz" und „sor lai riviere de Chief desouz Raidengez on leu com dict deleiz lai Combe entre douz yauwes[5])".

Die interessante Lehensaufzählung des „Jehan de Villeruelz" vom Jahre 1460 nennt folgende Flurnamen im Gebiete von Aumetz („Almas"): „le meixe condit Philpel bongart, Puffengarde; terre on lieu que on dit Brondal, entre Rampon (tous on finage dudit Almas du costel devers Seroville).

„En la voie condit Holczwege; on fond condit Knypesgront; en la voie de Bambux [i. e. Bannbusch], (devers Awedeu le thiexe).

„On lieu que on dit Loch; en la voie de Fontoy roie le Cawey; boix appelle le Tronc (devers Bassompierre)."

Personennamen: Iehan Xade, Niclos Wesse, Coincze Closse, Raulin de Ville, Roidehoize, Iehan Guiche, Iehan Fraincze, Cunich, Peter (!) Dawedeu, Peter Rise, Jehan Boinhomme[6]).

Die Lehensaufzählung des „Niclos de Villers" vom Jahre 1487 enthält im Gebiete von Aumetz:

Boix nomme Iockaire;
prey   „   a Brondal;

---

[1]) B.A.D., B. 372[26].
[2]) Ebd., B. 372[21].
[3]) Ebd., B. 373[112].
[4]) Diese Angaben, welche über die Nationalität Thils im Jahre 1456 keinem Zweifel Raum geben, enthalten Flur- und Personennamen durcheinander gemischt. Die auf roie folgenden Namen sind stets Personen- bezw. Familiennamen.
[5]) B.A.D., B. 372[36].
[6]) Ebd., B. 373[121].

prey nomme sur Breidewasser;
meixe „ a Wyher;
„ „ a Guerquin ¹).

In dem heute deutschen Arzweiler (Angevillers, „Anxvilleir") pachtet im Jahre 1387 „Maitheu li filz lou maire Colin d'Anxvilleir" vom Kloster zu Villers-Betnach einen Acker „sus lou houlle desous Reydeboix an la voie de Fontoy" ²).

In der Nähe von Fentsch haben wir soeben schon unter Arzweiler einen romanischen Flurnamen (Reydeboix) angetroffen.

Noch eigenartigere Namen werden aus früherer Zeit überliefert. So schenkt im Jahre 1181 ³) „Wilhelmus de Fontibus" dem Kloster zu Villers-Betnach „quicquid in Durana et Albaia juris habebat". Die genannten Namen scheinen Flurbezeichnungen aus dem Gebiete von Fentsch zu sein. So heisst es denn auch in dem allerdings nicht ganz zuverlässigen Inhaltsverzeichnis des Kartulars von Villers-Betnach „in Duiana et Albania prope Fontois" ⁴).

Ueber Rombach an der Orne ist auch diesmal meine Ausbeute keine grosse.

1252 ⁵) verkauft „Huelins de Ranconval" an das Kloster zu St. Pierremont ein Besitztum „a Romebaiz ke Mortlachar et sui (er tenoient de nos".

1308 ⁶) verkauft „Willames dis Boxas filz Domangin lou masson de Romebair" an dasselbe eine „masure etc. que sieent en Winestre a Romebair".

1312 ⁷) beurkunden „Domenges cureis de Moieure et Pœnces chapelains de Rombar", dass „Drowas Claire" an St. Pierremont eine „vigne a R. en Stennehot" verkauft hat.

Eine Notariatsurkunde von Briey vom Jahre 1386 ⁸) nennt im Gebiete dieses Ortes zwei Flurnamen, einen „preit en la Loque" und eine „mazon seant on Oynekre." (Die Schrift ist nicht ganz deutlich; man könnte auch „Oyneitre" lesen.) Da die Urkunde aus Briey stammt, liegt der Gedanke an Korruption der Namen sehr nahe. In der That haben sie auch weit mehr das Aussehen verderbter deutscher als französischer Formen.

In der etwa im Jahre 1400 ⁹) abgefassten Aufzeichnung der Rechte von St. Paul in Verdun findet sich folgender Passus: „en Rombay y ont bois en deux lieux, ung nomme le Taillys... et lautre Nissehal."

Villers bei Rombach. 1248 verkauft „Bigons de Vileirs" an St. Pierremont folgende Güter:

---

¹) B.A.D., B. 373 ¹⁴⁵.
²) M. Bz.A., H. 1714 (Kartular von Villers-Betnach, Hs. 17. Jahrh.), S. 160, v.
³) M. Bz.A., H. 1714, S. 159.
⁴) Ebd., S. XIII.
⁵) M. Bz.A., H. 1298 ¹.
⁶) Ebd., H. 1298 ². Die Beurkundung geschah vom Erzpriester von Hatrize und dem Pfarrer von Andreny.
⁷) Ebd., H. 1298 ³.
⁸) M. Bz.A., Cheltenham Nr. 1462.
⁹) Ebd., Clerf VIII, 11.

„terre en Braibant;
champ an la fosse deleis lou chafour;
„   en Nessipreit" ¹).

Rosslingen. Im Jahre 1290 wird genannt eine „vigne ... en la Heide" ²).

1291 verkauft „Adenas de Rocheranges" einen Acker „que gist en la Plantiere deleis lou clos les seigneurs de s. Pierremont" unter Bürgschaftstellung eines „champ que geist en coste Chievrehaye" an genanntes Kloster ³).

1298 beurkunden „Habrans cureis de Rombar" und „Demenges cureis de Biterez" (Vitry), dass „Aubrias de Rocheranges" und Gattin Penthecouste an St. Pierremont eine „vigne ke siet en Bravigne" verkauft haben ⁴).

1299 verkauft „Ameline de Rocherenges", Witwe des Esselin, an dasselbe Kloster eine „vigne que geist en la Haye" unter Bürgschaftsstellung einer
„vigne kon dist en Brunelles" und eines
„pret... deleiz lou champ en Oyes" ⁵).

1300 beurkunden „Habrans cureis de Rombais und Gerars cureis de Rocheranges", dass „Howenas de R." vom Kloster ein Haus „con dit la maison ke fut Pierexeil" gepachtet hat unter Bürgschaft einer „vigne en Bravigne" ⁶).

1308 nennen „Gerars cureis de Lommeranges und Thierions prevos de Sancey" in einer Urkunde über einen Streit des „Werniers de Rocheranges" mit St. Pierremont" eine „vigne a Rocheranges en la Heide" ⁷).

1310 verkauft „Jennes Joye de Rocheranges" an das Kloster eine Rente auf eine „vigne desous Vallairt und ein champ en Oyes" ⁸).

1311 verkauft „Domenges filz Amussatte de Rocheranges" eine „vigne en Uzesses" ⁹).

1357 nennt eine Urkunde der Prevote von Briey im Gebiete von Rosslingen folgende Weinberge: „as Perties, sur Marionhaye, en Aluef, en la Heyde, en Falsart"
und Personennamen: „Pithier, Locardel, Edbowart, Watrin filz de Meye, Jehan Lansons filz Hileguay, Domengot le Boquat" ¹⁰).

1485 wird genannt:
„maison... en la rue du Sacque;
jardin seant en la menandie le Gowe;
vigne seant en Napproy" ¹¹).

---

¹) M. Bz.A., H. 1220, Nr. 31 (moderne Kopie).
²) Ebd., H. 1219, S. 273, v.
³) Ebd., S. 218.
⁴) Ebd., S. 219.
⁵) Ebd., S. 220.
⁶) Ebd., S. 244, v.
⁷) Ebd., H. 1219, S. 221.
⁸) Ebd., S. 246.
⁹) Ebd., S. 245.
¹⁰) Ebd., S. 225, v.
¹¹) Ebd., S. 266.

Das mag zur Charakterisierung dieses Ortes ausreichen.
In Moyeuvre (Gross- und Klein-Moyeuvre zusammengefasst) finden sich:
1307 ein „preit desous Behuel" [1]).
1347 „preit seans on ban de la petite Moieuvre on leu con dit le Besten;
preit seans on ban de la petite Moieuvre derrier les Soiz" [2]).
1362 „preit en Fessieprey" [3]).
1402 „preys... a Lux;
„ desou Behuet;
„ sus lou vey de haulte Biene" [4]).
1469 „preyt seant en Thiebault tenge;
maison seant en la rue de forges."
Personennamen: „Jehan le tard dit Moullammes, Jehan Damermont, Mengin le Muel" [5]).
1571 „on lieu dict Froidcul;
maison... en la Taye" [6]).

Während wir bei Rombach und Rosslingen sicher sein können, es mit Orten zu thun zu haben, die auf jeden Fall einmal deutsch waren, können wir bei dem südlicher gelegenen Bronvaux nicht einmal zu diesem bescheidenen Ergebnisse gelangen. Zwar wird dieser Ort in einer Urkunde des Abtes Litthaldus von St. Martin bei Metz aus dem 12. Jahrhundert [7]) „Büchfelt" genannt. Aber wenn diese Form auch, zumal genannt von dem Abte eines dem französischen Sprachgebiete angehörigen Klosters, alle Beachtung verdient, so kann sie vereinzelt, wie sie dasteht, doch nicht von entscheidender Beweiskraft sein.

Andererseits können jedoch auch die frühen Nennungen französischer Flurnamen, wie wir sie hier finden, nicht den Beweis erbringen, dass der Ort romanischen Ursprungs und niemals von einer deutschen Bevölkerung bewohnt war. Denn, wie sich schon aus den in meiner Dissertation mitgeteilten Thatsachen ergeben hat, befinden wir uns hier in dem Gebiete des frühesten Rückganges der deutschen Nationalität. Die folgenden Mitteilungen werden weitere Bestätigungen für diese Thatsache enthalten.

Doch zunächst zurück zu den Materialien über Bronvaux, die ich ihrer Wichtigkeit wegen mit möglichster Ausführlichkeit wiedergeben werde. Der zuerst genannte Flurname aus dem Gebiete dieses Ortes findet sich im Kartular von St. Symphorien zu Metz unter dem Jahre 1355 [8]). Dort wird genannt ein „preit... en Adebreut on ban de Bronvaul". Wahrscheinlich liegt eine Zusammensetzung mit dem deutschen Brühl vor. Aber dies Wort ist als Lehenwort beinahe in

---
[1]) M.Bz.A., H. 1219, S. 172.
[2]) Ebd., H. 1292 ¹.
[3]) Ebd., H. 1286 ⁷.
[4]) Ebd., H. 1219, S. 186, v.
[5]) Ebd., S. 188.
[6]) Ebd., S. 192.
[7]) N.A.D., G. 528.
[8]) M.Bz.A., Cheltenham Nr. 1510, S. 9 (Kartular von St. Symphorien, Hs. des 14. Jahrh.).

sämtliche romanische Sprachen übergegangen, kann daher für unsere Zwecke nichts beweisen.

Zahlreichere Flurnamen finden sich im Jahre 1362[1]) gelegentlich eines örtlichen Rechtsstreites genannt. z. B.: „en Achiechamp" (auch „Achief champ"), a lai Perchiee, deleyz Bullencel, sus lai Cloze, en lai Fouriere, a Luxeraule, a lai Challaide, en lai Faixe, sus lou Rus."

Sehr reich ist das Jahr 1381[2]) an Flurnamennennungen; so werden genannt: „devers le Rui, deleis le Jay lez moinnez, dezous Adebroil (vgl. oben Adebreut) en Vigonchamp, en Allemeix, en Agiechamp (vgl. oben Achiechamp), suis le Chairaiste, sus lou chamin de la Chairaide (vgl. oben „Challaide"), sus la Challande, az Chelne, en Coroy, on grand treix, a Partel, en Preteloup, en la longe roie, en Laixeraille (vgl. oben Luxeraule), rus de Loxeraille, meix la Houppate, deleis le Nowey."

Endlich noch einige Flurnamen aus dem Jahre 1526[3]): „en la Fleixe, en la fontaine d'Arseraille, en Ralichampz, sur la Rochete, en la Tuellee, champ de Fouxelle, gerdin que on dict en la Queue, prey a Burlonfontenne."

Jedenfalls erhellt aus diesen Mitteilungen, dass Bronvaux, wenn es deutschen Ursprungs war, schon in sehr früher Zeit der Verwelschung anheimgefallen sein muss.

Auch über das benachbarte Semécourt ist das Material ein sehr reichhaltiges. Um das Wichtigste herauszugreifen, so werden in einer Urkunde des 12. Jahrhunderts genannt vier „jugera vinee apud Semercurth qui dicitur Arnalclos" [4]); im Jahre 1301 eine „piese de boix, condist an Wacon (ein in der Umgegend von Metz überaus häufiger Flurname) deleis lou boix Colin Burtran" [5]).

1339 „vigne que geist en Belvoir" [6]).

1344 „vigne en Belelclo", „terre que geist sus lou chamin de Bessonpreit und terres que geixent en Warneivigne" [7]).

1356 „vigne sus Semeguay" [8]).

1385 „prey que geist devant Jailley a la longe cowe" [9]).

1410 „en Louval, en Chalpol" [10]).

1435 „en Foriere, en Bedebuef, az chief dou redeisme; au nyl de Soigne, on paistural, on treix Willameix" [11]).

1525 „en la Montanroye, desoubz le Wessieux, desoubz le Waccon, journal en vies chamin condist a treix Willammel, sus les crowaye, sus les May, dezoubs Hennebois, en Blanchairt, a nilz de Solgne (auch en ny), en Grignonprey, en Laixebonne, en Joncrin" [12]).

---

[1]) N. A.D., G. 528.
[2]) Ebd., G. 528.
[3]) Ebd., G. 528.
[4]) M. Bz.A., H. 1218, S. 2, v.
[5]) Ebd., Cheltenham Nr. 139.
[6]) Ebd., Nr. 348.
[7]) Ebd., Nr. 1758.
[8]) Ebd., Nr. 3456, S. 27.
[9]) Ebd., Nr. 1460.
[10]) Ebd., Nr. 1712.
[11]) Ebd., Nr. 1585.
[12]) Ebd., Nr. 127.

Flurnamen aus dem angrenzenden Fèves finden sich in einer Urkunde von 1484. Sie sind jedoch nicht mit Sicherheit herauszusondern, da es sich um Güter in Fèves und Semécourt handelt. Es sind genannt: „Le boix le Hungre (vielleicht zusammenhängend mit dem Metzer Familiennamen);
vigne a la Relraite au chief de Belvoix;
la crowe que terre que vigne en Rexonmeix;
terre en Blanchair; en Vengonvigne (auch Vergonvigne);
„ au chief du play reffault;
„ de coste le chemin de Hanonboix;
„ a niedz de Solgne" ¹).

Frémecourt zeigt im Jahre 1246 einen „preit en Arcebanne" und einen solchen „en la quadre de Feivres" ²).
1263 ein „boix con dit oultre Jailley" ³) (vgl. Gelly).
1439 „terre en Hayncloz; prey en Laxellonne und en Jonquerey" ⁴).
1457 „prey en la Quaille; terre sus le Jonquerit" ⁵).
1550 „preis que gist en la Merxier on ban de Fremecourt decoste le ruict de Gelly" ⁶).
In Maizières bei Metz sind genannt:
1248 ein „preit davant plenne;
jerdin on clos deles lou molin" ⁷).
1277 „la piece deleis Messonpreit ou on Coirtet";
lonc lou Chamenat; sus lou Breul; lou pesquis" ⁸).
1299 „terre sus lou rut; preit a la Falloxe; a paikis;
terre au Contraincort" ⁹).
1471 wird erwähnt ein „boix de Sitracque" ¹⁰).
1525 „on lieu condist en Wirwirre; en la bairge dairier Sitrat au loing du ruitz de Pierviller; a Leix; sur les mays; a la Rouxe; a viez chamin; a la Wacquemerre" ¹¹).

Im Banne von Maizières bei Metz befindet sich eine Oertlichkeit, die in den französischen Urkunden meist in der Form „Leirs" erscheint. Uns ist diese Form schon bei Tiercelet begegnet. Dort hatte sie sich aus dem deutschen Lare entwickelt. Vielleicht liegt auch hier etwas Aehnliches vor.

Wäre dies der Fall, so würde es sich hier nicht um einen Flurnamen handeln, sondern um die Bezeichnung einer Ansiedelung und zwar einer von Deutschen benannten und jedenfalls auch zeitweilig bewohnten. Der Ort muss später eingegangen und sein Gebiet demjenigen von Maizières hinzugefügt worden sein. Dadurch wurde sein

---
¹) M.Bz.A., Cheltenham Nr. 411.
²) Ebd., Cheltenham Nr. 1509, S. 57 ¹.
³) Ebd., Nr. 3455, S. 331, v.
⁴) Ebd., S. 304.
⁵) Ebd., S. 340, v.
⁶) Ebd., Nr. 922.
⁷) Ebd., Nr. 1384.
⁸) Ebd., Nr. 58.
⁹) Ebd., Nr. 1348.
¹⁰) Ebd., H. 2291, S. 164 (Kartular von S. Vincent Hs. gleichzeitig).
¹¹) Ebd., Cheltenham Nr. 127.

Name thatsächlich zum Flurnamen, wie es ja häufiger vorkommt, dass die Namen abgegangener Orte noch als Flurnamen fortleben.

Darauf, dass Leirs ehedem thatsächlich als selbständiger Ort bestanden hat, deutet denn auch manches hin. So wird es noch in einer Urkunde des Jahres 1346 als besonderer Ort angeführt in der Form „Leirs deleis Maixiere", erscheint also coordiniert dem Orte, dessen Gebiete es später einverleibt wurde, etwa wie Moulins bei Metz oder Deutz bei Köln u. a. Zwischen beiden Orten besteht lediglich der graduelle Unterschied der Grösse. Maizières war grösser und daher bekannter als Leirs. Deswegen hat man seinen Namen hinzugefügt und dadurch zugleich für die mit der Gegend weniger Vertrauten die Lage des Ortes bestimmt oder ein unterscheidendes Merkmal gegenüber anderen gleich oder ähnlich benannten Orten gewonnen.

Um die Entscheidung der Frage, ob es sich in Leirs wirklich um eine ursprünglich germanische Siedelung Namens Lare handelt, zu ermöglichen, sei noch ein Blick auf die in Betracht kommenden Flurnamen geworfen.

Wenn 1346[1]) in der soeben angezogenen Urkunde ein „boix que gist devant le moullin a Jailley" genannt wird, so kann dieser Name (Jailley) wohl zur Nationalitätsbestimmung der ganzen Gegend, nicht aber zu der des eng begrenzten Ortes Leirs herangezogen werden, denn es ist der Name eines Baches, der uns schon bei Semécourt begegnet ist.

Eine sehr wichtige Quelle haben wir hingegen in einem Güterverzeichnisse von Leirs aus dem Jahre 1363[2]). Dasselbe enthält Flurnamen wie: „en la Xallarde, en Duedange, a la borde, devant Sitrop (auch Sitroppe, vgl. unter Maizières; sehr schwankende Orthographie), sus plaigne, devant planges, sus Ydelange, a la Rucelle, az Serexiez, az forche, a Millecourt, en Briderit, devant Bruez, en la Falloxe, a viez ruxel, a Xorbeit, en Corchebuef, sus Redeleixe, en Ramaclo, en Verrewide (auch Virewide), en Restain, en la Heu, deilay Remacro . . decoste le boix d'Amelange, en fairt daieir Sitrop, devant Bruelz."

Personennamen: „Herboix, Xille Remant, Perrenat, Arnoult Fourquair, Stevenin Cayfet, Collignon Blondel, Thiellemant Paitair, Burtrant Caffe, Jennin Gobart, Philippin Xaving, Jehan Jaillat, Herbrant Pillat, Hainriat Chaipperon, Hanriat Rauden, les hoirs Xilleromant, Xalde Mouxe."

Nördlich an die letztgenannten Ortschaften schliessen sich Siedelungen an, deren deutsche Namen an ihrem deutschen Ursprunge keinen Zweifel aufkommen lassen. Leider ist das über sie vorhandene Material durchaus unzureichend.

Was zunächst Silvingen anbetrifft, so wird 1388 genannt ein „boix que gist en Diupelz on ban de Ciellevange" [3]).

Das Verzeichnis der Rechte von St. Paul in Verdun berichtet etwa um 1400: „au ban de Silvanges y ont plusieurs bois comme Widanselle, Hemerot et Coulanges" [4]).

---

[1]) M. Bz.A., Cheltenham Nr. 3455, S. 317, v.
[2]) Ebd., Nr. 2257.
[3]) Ebd., Cheltenham, Nr. 1324.
[4]) Ebd., Clerf VIII, 11.

1401 nennt eine Metzer Amansurkunde dortige Waldnamen, wie „en Heremerat devant Driupel und a Combrefol devant Suelevange" [1]).

Reichlicheres Material findet sich über Maringen; und das hat auch für Silvingen seinen grossen Wert, denn es ist durchaus wahrscheinlich, dass die nationalen Wandelungen, denen die beiden unmittelbar benachbarten Ortschaften unterworfen waren, im grossen und ganzen unter einander übereinstimmten. Es ist daher ein Schluss von den Verhältnissen, wie wir sie in Maringen finden, auf diejenigen Silvingens möglich.

1246 wird genannt ein „preit .. on ban de Mairanges en Ruee" [2]).
1253 „dou bous (= bois) de Chandi" [3]).
1270 „preit en Reues und a chamin a la Rouxe" [4]).
1297 „terre ke jeist devant Chanoit on ban de Mairanges" [5]).
1298 „boix com appelle Vest" [6]).
1355 „maison .. on leu com dist Erpanges, vigne .. en Lalluet, terre .. suz la roche" [7]).
1386 „terre a la Teulatte" [8]).
1461 „a Mayrange au lieu qu'on dit a Arpengte"; devant la Hayde, en la Macquebucque, bois condit le Malbehoult, la viez halle, la bois Burtaldon, le juriet bois, en Chesnoy (auch Chanoy) au lieu qu'on dit en Malpartus, prey qu'on dit le breu de Mayrange" [9]).

Nördlich nach Rombach zu schliesst sich Pierrevillers an. Im Gebiete dieses Ortes wird genannt:
1230 „decima illa que dicitur de Chasnoit ... in confinio de s. Petri villario" [10]).
1260 ein Grundstück „en dever Ondes" [11]).
1269 verschenkt „Thiebaus filz Pieraude de s. Piervileirs" eine Rente auf ein „champ a Rimparreul a la longue roie" [12]).
1412 „daier les Mallaides, az Malpertux" [13]).
1424 „piece de vigne .. que gist en Winse" [14]).
1427 „maxon que ciet a Piereviller sus la fontenne de la Puxatte" [15]).
1441 „ldt au maulvaix molin, en Jeurue, en Lestaie, en Quaissewingue, en la Perchie" [16]).

---

[1]) M.Bz.A., Cheltenham Nr. 2495.
[2]) Ebd., Nr. 1509 (Kartular der Abtei Freistorff über Metz und Umgebung, Hs. des 13.—14. Jahrh.), S. 57 [1].
[3]) Ebd., S. 95 [2].
[4]) Ebd., Cheltenham Nr. 1509, S. 99 [2].
[5]) Ebd., S. 71 [1].
[6]) Ebd., S. 96.
[7]) Ebd., Nr. 1510, S. 9.
[8]) Ebd., Nr. 3456, S. 139, v.
[9]) N.A.D., G. 528. Verzeichnis von Urk. über Bronvaux für St. Martin-Metz im Jahre 1604 angelegt.
[10]) M.Bz.A., Fonds s. Pierre, noch nicht eingeordnet (cop. chart. s. XVI).
[11]) Ebd., H. 1220, Nr. 15.
[12]) Ebd., Nr. 38 (beides moderne Kopien).
[13]) M.St.A., 131 (101).
[14]) Ebd., Nr. 101, 31.
[15]) Ebd., Nr. 101, 10.
[16]) M.Bz.A., Cheltenham Nr. 2924.

Das überaus reichhaltige, dem 15. Jahrhundert angehörige Grundbuch der Pfarrei von Pierrevillers enthält Namen wie: „sus la Jonchiere, Vaulpreis, es Hoygnes (auch Hognes), en Mangeprelle, a la corne de Nowelonpont, es Eulons, a la Reze, a Loiecry, au Chenoy, a Thiemacourt; fin de la Barre: au hault de la couronne, en Barnebois, sur la Resiere, au Callevez; fin de la Nowe: au dessus de Flabot, en la Conechamp; fin de la crowee: en la Chinal, sus Gendreval, au champ Mabelon, au chiefz de Laucegney, la grande haie de Hermolez, en la sante de Han, en la goulette de Sambat, es pierrettes, en Chegney, devant Adefoin" [1]).

1557 „gerdin en Pepinvigne;
champz que gist on leu condit devant Forterre;
   sus Vincquelz condisoit le vigne au Braide;
   que gist on lieu condit au Ruxelz, en la Goulle, devant Aubelat,
     treix que gist en Wincquelz;
gerdin condit Mergolle, que gist on lieu condit en Baipalmes;
prey que geist on lieu condit en Guerrebanne" [2]).

Für **Gandringen** an der Orne unterhalb Rombach ist ein kleines Besitzverzeichnis aus dem Jahre 1295 erhalten, das, von einem Metzer Aman abgefasst, an Verstümmelungen Unglaubliches leistet. Die in ihm enthaltenen Ortsbezeichnungen sind folgende: „en Lac (Lache), delez lou tramble, delez la vigne Houphenat, en Waicques (Wege?), en Lancgaque (Langacker), delez le waste mollin, devant le mollin d'Amereyville, sur la tornauille, a Wollange a la tournauille en Cumenine, a la Faviere, sus Brico, en longe roye, sus lou nowier, en Cumenine, a vers paret ... en la voye sus Aidelange, devers Budange daier Wacque, a la Cluze" [3]). Die in der Urkunde aufgezählten Grundstücke bilden die „eritage de Gandelange" des Glossindenklosters zu Metz, die jedoch nicht streng auf diesen Ort beschränkt ist, sondern auch in das Gebiet der Nachbargemeinden übergreift.

Die völlig veränderten Verhältnisse, welche die Ortschaften auf dem rechten Ufer der Mosel zeigen, werden sich schon aus der hier gegebenen Zusammenstellung des Materials erkennen lassen. In den folgenden Kapiteln wird näher darauf eingegangen werden. Hier nur die Thatsachen!

Trémery: 1406 bietet nur einen Flurnamen: „journauls que geisent en Luxure on ban de Tremerey", aber desto zahlreichere Personennamen, wie „Hanrit Joite, Hanrit Xissement, Colin Haldelaire, Peltrement fil Weltrement, Jehan Anguenel, Weltre Sairisse, Malgon fille Sairquin, Thiellement Xeulte, Waltrin Xelle, Jehan Volmel, Nicquelas Huve de Guenange que maint a Tremerey, Nicqueloz Boussement, Nicqueloz fil Hillebrant Gobe, Peltre Ride, Hennequin Xennehasse,

---

[1]) M.Bz.A., Fonds s. Pierre (noch nicht eingeordnet).
[2]) Ebd., H. 2444.
[3]) Ebd., Cheltenham Nr. 3455, S. 514.

Jehan Panich, Zommer, Hennequins Buzelaire, Hennement Houfflenale, Xottemant, Xousement, Burtrant Hossenale, Ancillon Pinte" [1]).

Das Jahr 1490 zeigt einige Grundstücksbezeichnungen, die zwar keine eigentlichen Flurnamen sind, sondern zumeist den Besitzernamen zu enthalten scheinen, so „leritaige Herment, Hoffnagel, Brasse, Knabelin, de trondechenal, Platte, Dompman, Chette". Sonst genannte Personennamen sind: „Jehan Dore, Jehan Witchin, Hennequin le Walle, Jehan Poincin, la femme Schutze, Nicolas Scholteisz, Peter Schie, Peter Zuchtiger, Henri Mathisse, Hannes Liebach, Rutter Jehan" [2]).

1510 erscheint Tremery in einer deutschen Urkunde Johanns von Lellich in der Form „Tromerchin" [3]).

Ay: 1406 Flurnamen: „terre de Maiasse . . . daieir Aiey, de Locquamme, en Locque, Odorf, preit daieir Montigney, le brulz Daiey, boix en leu com dist en hal boix on ban Daiey".

Personennamen: Jehan de Wolfe, Xenke, Xotsement, Frichement, Xatse, Maiansate femme Nemmerit Bourjoix, le maire Zommer Daiey, Hannes loste Daiey, Niquelo le fil Lodement Stoupe, Hannes Hause, Hennequin Xanke, Niclement fils Yonquer Daiey, Hannes Houwe, Hennequin Piffe, Colins Cloque, Jaicobz Menicque" [4]).

1490 Grundstücke: „leritaige Stroiventte, Peter Halsze, Jehan Rullequin, Pierat Daiey, de Dondembourg".

Weitere Personennamen: „Jehans Locus, Roder Jehan, le Rutter Daiey, Mathieu, Menjatte femme Kenszchin" [5]).

1510 erscheint der Name des Ortes in genannter deutscher Urkunde in der Form „zû Eiche" [6]).

Der nur drei Seiten umfassende Auszug eines Grundbuches vom Jahre 1692 enthält an Flurnamen „le patural de Lœdriche, sur Eykerbach, la contree de Maulert, a Bouterheck, Junkersberg, contree de Labruckerbach, chemin dit Munickeveg, prey de Langvies".

Personennamen: „Nicolas Still, Jean Vueisbeck, Nicolas Braun, Henry Vetzel, Balthus Hardeistein, Schelles Johan" [7]).

Flévy: 1353 „piece de preit . . . on ban de Flavey en Stritewisse" und „Perrins Xainke" [8]).

1406 „terre en Rode entre les boix Dostelaincourt et la ville de Flavey; preit en Weivre; terre de Vorewengairt que gist desous le chenne de Flavey; en Paferode ver Halsonboix; preit en Berkes deleis la fontenne de Stonalle; champz en Champaigne; en Bostelle decost le boix de Pontelle; a Pairel en Walquenaquer; ala Xeleide; Pontelle; Xonnebich; en Beirkes; vigne en Berque". Dazu die Personennamen: „Hennequins Heurte, Weirit Foutre, Peltrement Boullement, Hennequin Liebe, Rennequair le fil Rembault, Yde femme Mulay, Hennequins

---

[1] M. Bz.A., Clerf, Grundbuch der Herrschaft Ennery 2, in franz. Sprache.
[2] Ebd., Clerf XVIII, 7, französisches Zinsverzeichnis der Mairie Ennery.
[3] Ebd., XIX, 101.
[4] Ebd., Grundbuch der Herrschaft Ennery 2.
[5] Ebd., Clerf XVIII, 7.
[6] Ebd., XIX, 101.
[7] Ebd., H. 3595.
[8] Ebd., Clerf, Cartul. de Heu, S. P. C. XXII.

Quairquienne, Peltrement Xoltesse, Ysambairt de Lustange, Malvay Hanrit, Thomet Hurtse, Joffrois fil Eibe, Buseler, Burtrant Houfenague, Peltrement Foutre, Clausquins Goube, Jaicobz Rixement. Hennekin Gaisse, Jaicobt Mulair, Hennequins Ottowin, Hainzelin Waistereme, Hennequins Heirich, H-Gasse, H-Rogue. Michief Boutefeu, le maire Ancillon, Zestain, Hanrit Coquins, Ancillon Bixaffe, Jaicobz Menicque, Veirit Cricque, Ricaird comdit Loze, Henqueloz Frenquelin, Waultrin Steillement, Willame Fauquenel, Hennequins Hoirch" [1]).

1448 sind mehrere Waldnamen genannt, so „boix ... devant lestant de Flavey; de la Xeleide; en Xonneberch; en Bostelle que gist entre Flavey et Ostellencourt; en Berkez" [2]).

Ueber den Stand des 16. Jahrhunderts unterrichtet vorzüglich eine nicht vollständig datierte Urkunde, die einen Güterverkauf in Flévy und „bans joindans" enthält. Vor allen Dingen kommt neben Flévy noch Trémery in Betracht. Eine strenge Sonderung nach Ortschaften ist nicht möglich. Auf alle Fälle jedoch ist die Urkunde bezeichnend für die nationalen Verhältnisse beider genannten Orte. — Flurnamen:

terre au lieu quondit a la chenne;
„ que gist au Lausz;
en Jonken;
en la roye de Morreus;
„ on ban de Tremery au ldt larbres de brebis;
„ „ „ „ Flevy „ „ sur Holquin;
„ „ „ „ „ „ „ Zabestucken;
terre on ban de Tremery au ldt a Lecher;
„ „ „ „ „ „ „ en Wengey prettel;
„ „ „ „ „ „ „ autor Keyuckur;
„ „ „ „ „ „ „ an der Taffellen;
„ „ „ „ „ „ „ Farchnawen;
„ „ „ „ „ „ „ an Greyncken;
„ „ „ „ „ „ „ sur lestang de Flevy;
„ „ „ „ „ „ „ derrier Berg;
„ „ „ „ „ „ „ sur Gerentz winckel;
„ „ „ „ „ „ „ sur le blainge chemin;
„ „ „ „ „ „ „ de Stack;
„ „ „ „ „ „ „ au Lossert;
„ „ „ „ „ „ „ au Laultzvelt;
„ „ „ „ „ „ „ Mairs brulle;
„ „ „ „ „ „ „ anne Stack;
prey „ „ „ „ „ „ au Feystwis;
„ „ „ „ „ „ „ en large preys;
„ „ „ „ „ „ „ au Reynnellwis.

Personennamen: „Symon Werring, Niclaus d'Altroff, Peter Hircick, Niclaus Volle, le maire Oswalt, Jehan Chliteur, Yost de Monterquin,

---

[1]) M. Bz.A., Clerf, Grundbuch d. Hschft Ennery 2.
[2]) Ebd., Clerf XI, 103. Johann von Elter belehnt Collignon de Heu (franz. Sprache).

Louys Lollier, Caffer Hans, Anne Kebellen, Ancillon de Lowe, Kettellen Lambers" [1]).

1510 ist der Ort in deutscher Urkunde genannt „zů Fleiche" [2]).

Im Gebiete von Endorf (Aboncourt), das heute wie fast sämtliche bisher genannten Ortschaften dem französischen Sprachgebiete angehört, wird im Jahre 1308 „un preit sus Chanre deleis Aboncourt" [3]) genannt.

1402 „quinque jugera terre et pauxillum foeni, quae jacent in banno de Aboncuria, scilicet unum jugerum in Sultzen et quattuor alia jugera infra vineas juxta Aboncuriam, et foenum jacet in Michelban" [4]).

1470 „un pré dit Scholtzewissen a Aboncourt" [5]).

Ein französisches Grundbuch vom Jahre 1688 enthält Flurnamen wie „Moukefeldt, Cheirvueig, chemin de la Holgaze, Vaserbaum, bois de Hazelvuisse, Chemulsbaum, prey de Milenback, breuil de Saurvisse, Boucelock, Kannerevisse, Hazenberick, Grossefeldt, Breuilfeldt, Tebelsbrouck, Kanersteck [6]) u. a., deren französierende Entstellungen das deutsche Gepräge nirgends haben verhüllen können.

Das jetzt französisch redende Altdorf weist schon in früher Zeit deutsche Urkunden auf. Vorher jedoch sei einer lateinischen Urkunde von 1344 Erwähnung gethan. in der „Geneta filia Thilmanni armigeri quondam de Althorf... Wilkino filio Ludemanni sutoris quondam de Althorf... ortum suum situm penes Arnoldum dictum Plůnch, vulgariter dicendo neyden an eyme, qui cedebat dicte Genete vulgariter dicendo zů eyner stait deylen" verkauft [7]).

1363 verkauft dieselbe „Geneta von Altdorff en edel wiff" in deutscher Urkunde an „Risschen von Wiskirchen edel kneyte" mehrere „plecze wisen", nämlich

„eynen plez ob dem breydem virte;

„ „ in dem strange in Ryemelen;

zwene „ in dem Brůle gen dem dorffe uber zů Altdorff;

eynen „ zů Loirvort;

„ „ in Waldewach;

„ wingart an Port (oder Poit zu lesen);

„ daich veldiz under Mecheren;

„ „ „ in Ryemele an der Bůrze;

„ „ „ in Seilbinde ob der wisen an ste Richwinz boyme" [8]).

Weitere deutsche Urkunden dieses Ortes habe ich für die Jahre 1362 und 1367 gefunden [9]).

Ueber die nationalen Verhältnisse von Chelaincourt (Ostelencourt), Hessingen, Mancy und Bettsdorf (Baitelenville) im Jahre 1337 unterrichtet uns eine Metzer Amans-Urkunde, die eine Güterteilung in

---

[1]) M. Bz.A.. Clerf LIII, 51, Pergamentumschlag.
[2]) Ebd., XIX, 101.
[3]) Ebd., H. 1714, S. 33, v.
[4]) Ebd., S. 547. v.
[5]) Ebd., H. 1761 ¹ (3., 4. u. 5. Hs. 17. Jahrh.).
[6]) Ebd., H. 1760.
[7]) Ebd., Cheltenham Nr. 1759.
[8]) Ebd., Nr. 1786.
[9]) Ebd., Nr. 1798 u. 1796.

dortiger Gegend enthält. Leider ist es nur hier und da möglich, die in der Urkunde enthaltenen Flurnamen mit Bestimmtheit einem der genannten Orte zuzuweisen. Aber wenn wir auch darauf — von wenigen um so wichtigeren Fällen abgesehen — verzichten müssen, so erhalten wir doch trotz der grossen Verstümmelung der Flurnamen von dem zusammenhängenden Komplexe, den diese Ortschaften bilden, ein so zuverlässiges Gesamtbild, dass sich ihre ausführliche Veröffentlichung gar nicht umgehen lässt. Sie lauten wie folgt:

„crowee en Lamberne (auch Lamberme) la pertie ver Ostelencort;
 terre en Berme (berne, berme, braimme, pairme sind jedenfalls Verstümmelungen des deutschen Born);
„ en Aldemaicre;
„ en Crommestue;
„ en Prelle;
„ a Lorunxelz on ban de Hessenges (auch in der Form Lourmixel);
„ en Braimme;
„ permey la voie dou mostier;
„ en Duerlixe;
„ en Wixe mairme la partie ver Ostelencort;
„ en Baitenges;
„ en Raitir;
„ en la Xourouwix (Wiese);
„ en Hollegais (Gasse);
„ en Chausepairme;
„ en Nonwilz;
„ areix lou gibet sus Raidelenges;
„ areix lou Perrillon dezour Baicklenville;
„ en Hayonperch;
„ en Straikehel;
„ en Wichelair; ensons Wichelat;
„ sus Braidveze (Wiese);
„ on Broil;
„ en Morelzaicre encoste Haince de Mancey;
„ en Haisse;
„ en Rousaicre entre Batelenville;
„ sus Raike;
„ en Eildre;
„ en Lixieires on ban de Baitelenville;
„ en Minaicre;
„ en Wichelaic;
„ en Histelle;
„ en Waille berme;
„ deleis Hessenges en Goumedant;
„ en la Kech;
„ en Hesse;
champ a Laxerauvle en la voie de Mancey;
lou courbrechamp en Taitebraine;
champ deleis Hessenges decoste la haie Metonde;
preit en Chaisteporme;

preit au Noweroit;
„ en Nouwilz;
„ en Creubrome:
treix que fut Siguelaire en Zille forbone"¹).

Ueber Chelaincourt findet sich auch ausser dem in obigen Mitteilungen enthaltenen besonderes Material, das hier ergänzend hinzugefügt sein mag. In einem Zinsverzeichnisse, das der Handschrift nach der Wende des 13. zum 14. Jahrhundert angehören muss, heisst es: „an la fin d'Ostelencourt que on dist sus Wientselen"²). 1352 wird eine „piece de preit... on ban Dostelencourt... en Braiedewiez"³) genannt, 1357 ebendort eine Wiese „on leu comdist en Nowernclz"⁴).

1372 einige Waldungen: „boix Guizengaire, on Cugnat, en Remillon monsel"⁵).

1406 „champz que gisent en Rozerot on ban Dostelaincort"⁶).

1420 in einem am Orte für Collignon de Heu in französischer Sprache aufgesetzten Zinsverzeichnisse:
„boix condist le boix de Valdoy que gist entre Flavey et Ostellaincort;
„   „   Guizegairt devant la ville Dostellaincort sus le chamin de Flaivey;
„   „   Bouwegairt;
„   „   Bourch;
prey de quaire condist Rudelach;
„   „   „   „   Drudelach"⁷).

1492 verpachtet Nicolle de Heu dortige Grundstücke an den Maire. Die von einem Metzer Aman ausgefertigte Urkunde zeigt wie zu erwarten starke Verstümmelungen der Flurnamen: „dairier Wincellat, a Bettenge, decost sept en bouche, en Louwellere, en Languebermns (Langeborn), en Bermns, en Coursewecqz" (kurzer Weg)⁸).

1573 erwirbt „Jehan Heinquele demeurant a Oxellaincourt" von Steffle Fleffert, wohnhaft ebendort, ein Stück Acker „que gist en Hozepatze on ban d'Oxellaincourt"⁹).

1582 schlichtet „Gotfridt her zu Eltz" durch einen zu Metz in deutscher Sprache abgefassten Urteilsbrief einen Streit „zwuschen Johann meyger zu Usstorff... und Sewn von Euschdorff (beides = Chelaincourt)... wonn weguenn eynsz yarlichen tzinsz wonn drey sesterr weysenn und eyns kappen, so uff Wyerr Ruckenn fells der zweytzeschen gutter im Ustrorffer bann gueleygen unnd uff eyne wisz ligit inn Weymesz loch, stett"¹⁰).

Aus dem Gebiete von Brittendorf (Burtoncourt) teilt eine Metzer Amans-Urkunde vom Jahre 1273 einen scheinbar stark ver-

---

¹) M.B.A., Clerf II, 196 c.
²) Ebd., Cheltenham Nr. 616.
³) Ebd., Clerf, Cartul. de Heu I, v. f. F. C. LXXIII.
⁴) Ebd., f. B. C. LXIX.
⁵) Ebd., VI, 40.
⁶) Ebd., Grundbuch der Herrschaft Ennery 2.
⁷) Ebd., IX, 74.
⁸) Ebd., Clerf XVIII, 21.
⁹) M. St.A., Nr. 106. 24.
¹⁰) M. Bz.A., Clerf XXX, 30.

stümmelten Flurnamen mit: „terre ke il ont an Namonstairp an la fin de Burtencort" [1]).

Interessanter noch sind die überaus reichhaltigen Materialien der südlich angrenzenden Ortschaft Ennery. Zahlreiche durchaus romanische Flurnamen enthält die in Metz geschriebene de Heusche Verkaufsurkunde vom Jahre 1323, deren Inhalt seiner Wichtigkeit wegen vollständig wiedergegeben sein mag: „encoste lou Broil devant Mancourt, encoste Greion en Han, en Angledot, en Rowe, en Champaigne, en Mechamp, daieir la conversion, a Savigney, sus Bugnon, devant la Folie, devant la vies Awe, en Polles, en la crowee, en la voie de Geverey (abgeg. Ort), en Pradel, eutre Geverey et Ancrey en la long roie, en la voie de Flavey sus lou preit de Bouveroy, devant lou boix de Geverey sus la mars, devant laluet, en Burlenchamp, en la cawe de Bourray, on Broil en la pree devant lou boix Dorvalz" [2]).

Aehnliche Verhältnisse zeigt ein de Heusches Zinsverzeichnis von 1365/66: „a Sawignon, sus la fontenne dou Sauwigney, en la Stainresse, on font dou Roiwalt, en court quartiers, en Pradelles, sus la morte yawe, chemin de Laxeralle, en Hammez sus Mezelle, sus la pasture de Voite, en Meichamps ... vers lou ban de Flaivey."

Bezeichnender sind schon die Personennamen: „Jehan Querne (Kern), Hanekins filz Bixaf (Bischof), Maitheus Bechement, Colins Hairebech, Thiebals Glasson, Ysabelz Guenardin, Xentre, Jakemins Fauche, Volquerelz, Petre Guiguelaire, Arnols Oselat, li kukemestre (Küchenmeister), Maihouz, Poinsete suer Tremerel, Burthemias Borgon, Loudemans li bouchiers, Petrement dou Quairme, Yacop, Cole de Ruxey" [3]).

Eine Fülle von Flurnamen findet sich in dem schon öfter erwähnten Grundbuche der Herrschaft Ennery vom Jahre 1406. Es würde jedoch zu weit führen, auch diese hier aufzuzählen, zumal sie, abgesehen von verschiedenen oben noch nicht genannten romanischen Formen, nichts Neues bieten. Erwähnt sei nur, dass der oben verstümmelt „en Angledot" wiedergegebene Flurname hier in seiner richtigen deutschen Form „en Angledorf" erscheint. — Wichtiger sind auch in diesem Denkmale die Personennamen, wie: „Hennequin la Herre, Jehans Querle (auch geschr. Kerle), le Cuquemestre, Colin Herrelebaicke (auch geschr. Herlebeque), Isaibel Generdin, Oxelat Dennery, Thomas Muxe, Mahoult de Ruxey, Thiebault Glesson, Hennement Dennery, Jehan de Woltre, Heynement de Xeffeldange, Willame Dalstorf, Yacob et Thielle Xalque (Schalk), Bixoffe, Xenke Daiey, Guersat Florate, Colin Bouton, Hanrit Conicque (König), Hannes Pinche, Colin Paillat, les hoirs Hernenherch" [4]).

Unter keinen Umständen jedoch können die zahlreichen im Grundbuche der „grant waingnaige" von Ennery 1444 mitgeteilten Flurnamen mit Stillschweigen übergangen werden. Dies Grundbuch ist abgefasst von „Niquelasse Xeide maire et eschaiving Dennerey et per Mertin de Stucquange et per Nicquelasse Rainbalz con dist le viez

---
[1]) de Wailly, II, Nr. 155.
[2]) M.Bz.A., Clerf, II, 124 ᵃ.
[3]) Ebd., Clerf V, 84.
[4]) Ebd., Grundbuch der Grafschaft Ennery 2.

maire et per Jaicomin filz Rullequin Dennerey, que tuit sont eschaiving Dennerey", also endlich einmal eine am Orte selbst entstandene Urkunde.

Flurnamen: „le Breulx, le Cugnat, sus Muzelle, en Certelle, en Champaigne entre Ennerey et Flaivey, sus lez préy de Rouwe, sus la benite fontenne, decoste la Zoure wize (nach Flévy zu), en Taffel, sus Woutte, decoste le prey de Pradelle, sus la viez yauwe, sus le fousseys, devant la Baire, au chief de Domme wize (nach Ay zu), dairier la convercions, en Meesse, Maisse, sus Mathishude, sus le prey de Sawignon, en la Stainrettze, decoste la Mairs de Rouveroy, decoste la fontenne salleie, sus le ban chamin, sus la Broveu, sus Bugnon, en la Saiyatte, sus la viez Mallaidrie, en Horguerden (Garten), en Clouge, az dessoure Dairoy, en Cromme dagen, am Gueir".

Personennamen: „Aillixons, Hennequin und Thiellequin Xeide, Mertin Dennerey, Nicquelasse Rainbalz, Henne, Jehan Loucus, Thiellemant, Colin Angueneilz, Jehan Mechief" [1]).

Im Jahre 1572 endlich schlichteten Schiedsrichter, nämlich Einwohner von Ay und der Pfarrer von Mondelingen, in Ennery einen Streit zwischen Godefrin von Elz und den „hůwerren von Undrichen" (deutscher Name für Ennery) über einen dortigen „busch ... der uff Hinsteyll leyen ist, genennt der Huwerer busch" [2]). Das Urteil wurde für beide Parteien in deutscher Sprache verkündigt.

Um eine sichere Abgrenzung zu ermöglichen, ist es noch notwendig, einen kurzen Blick auf die südlich vorgelagerten Ortschaften zu werfen.

Zunächst Argancy.

Flurnamen aus dem Jahre 1343: „en lai nowe de Bu, en lai petite Chambeire, en Courusson, en Pieprey, an Abechamp, on haut de Maielle, sus Bevart dezous Ruxey, an Luxure" [3]).

1406, Flurnamen: en Pesuelle, en Maielle, sus Belvert, sus Poncel, en Soin, sus la petite Couresson, en Genoipont, on Cung, a Chavolz, en Chambiere, az Puix, a Ruit, en Paixit, a la Mairs, a Albepine, en Chanche, en Greive, en Corchebuef, a Sauvignon, und andere entsprechender Art.

Personennamen: „Renaldin Moxel, Burtrant Lorans, Jaicomin Gourate condit le Frixon, Thomessin Renalz, Colins Lallement, Burtrant Blanquairt, Jehan Graiveluche, Hennement Still und Fourquairt Caizebrot" [4]).

Auch in der Folgezeit lassen die Urkunden kein Abweichen vom dargestellten Zustande erkennen.

Chailly bei Ennery.

Flurnamen aus dem Jahre 1357: „en Pezieires, en la fin desteie, sus Belvert, sus lou Broilz, en Airoy, en Chairmoi, en longe roie sus Rouwalz, a desoure dou chamin dez Allement, en Strappaille, sus Winontreix" [5]).

---
[1]) M. Bz.A., Clerf XI, 38.
[2]) Ebd., XXVIII, 54, Kopie.
[3]) Ebd., Cheltenham Nr. 1509, S. 213.
[4]) Ebd., Clerf, Grundbuch der Grafschaft Ennery, 2.
[5]) Ebd., Clerf V, 84.

1403 wird genannt „Vollemer li maire de Chailley, li filz Henuement Volmer d'Ennerey" [1].

1408: „Hainse fil Thiellement de Guenange . . . que maint a Chailley" [2].

1500: „vigne que gist en Cherdenoy condist a present en Charmoy, ldt. au prey Poinsatte, en Joinclo, au Vairt, sur Vignuef, en la baixe pastain" [3].

1516 wird in dem zur Gemeinde Chailly gehörigen Weiler Champion zwischen Hessingen und Vigy genannt: „la piece de haye condit la baye de Hannestorff decoste la fontaine Hannestorff" [4].

Vigy. In einer undatierten Urkunde, die der Schrift nach der Wende des 13. zum 14. Jahrhundert angehören muss, finden sich folgende Wiesennamen: „en Sairte, fontenelle, le hal prey, le prey Guerry" [5].

1534: ein „preis . . condit la vielle estang de l'enche vaiche" [6].

1546: „prey . . quondit le prey de la Stainchatte ou ban de Vegei decoste les haies de Belfayt" [7].

1565: „terre que gist en Roziere" [8].

1570: „on lieu con dist dairier le meix la febvre, en la Porcherye, a la fosse, en Rosier sur le preis de la Chanvre (auch en Chanre), en meilleur ruyt" [9].

1580: „terre que gist en Logeraille:

    „ „ „ dessoubz la crowaie:

    „ „ „ le verte poiries;

preiz „ „ en fourier dict en Maixerieulle" [10].

Gehnkirchen (noch heute deutsch redend). Eine Urkunde vom Jahre 1171 erwähnt eine „terram Herluof jacentem in confinis Gerlinge et predicte ville Genkiriche" [11].

1300: „six phasiees de preit ke jeixent au la fin de Gankirke com dist au Mestriac" (im Inhaltsverzeichnis „Mastrich") und „terre . . . com dist au Tatenaccre" [12].

In Condé-Northen, am Zusammenflusse der deutschen und französischen Nied, wurden im Jahrgedinge von 1554 die Rechte der Abtei St. Martin bei Metz in deutscher Sprache aufgesetzt. In der erhaltenen französischen Uebersetzung finden sich zahlreiche Flurnamen, wie:

„Heritages appellez Stillegut, Grintzesgut, Pettergesgut, Manchernersgut, Erperssengut; jusques au ban de Nidbrück, la ou commance

---

[1] M. Bz.A., Cheltenham Nr. 2667.
[2] Ebd., Nr. 2639.
[3] Ebd., Cheltenham Nr. 1088.
[4] Ebd., Nr. 1021.
[5] Ebd., Cheltenham Nr. 630.
[6] Ebd., Nr. 784.
[7] Ebd., Nr. 1106.
[8] Ebd., Nr. 1200.
[9] Ebd., Fr. 111.
[10] Ebd., Nr. 917.
[11] Ebd., II. 1714, S. 172, v. (Kartular der Abtei Villers-Bettnach, Hs. 17. Jahrh.)
[12] Ebd., S. 170.

ung prei appellé Heilweisse . . . jusques au ban de Valdingen la ou etc.
. . . le prei appellé Birklingen; . . . jusques au ban de Lauteren la ou
etc. . . . ung prey appelle Herstar; ferner: „Goltzboren, Kheirkbergen, das Veisgen, Kinsboren, am Rechen, Heuerkloch, Grabenberig, Christberig, Rossel klop, Rossel achten, Grunneberg, Kurtz buchen, am Berg, Stallenborn".

Personennamen: „Claus Krautz, Bernard Hans, Haman, Theis, Vitten Peter, Hans Vierecker de Norten, Jean filz de Ussenheck, Doren Didrich, Hans Fleisseborn, Hamman de Contgen, Hensgen de Norten".

Ein früheres deutsches Jahrgeding beider eine Gemeinde bildenden Ortschaften vom Jahre 1535 ist in einer Abschrift von 1583 erhalten. Die Jahrgedinge von 1627 und 1726 dagegen sind in französischer Sprache abgefasst. Und noch in letzterem sind die Flurnamen deutsch, so:
„Saison devant bois de Condé: la Layrheck, Bourheck, chemin de Wolffsberg, Munenberg.
Saison de la Griese-heck: les fier acker, zernickelwiese" [1]).

Auch das Grundbuch von 1621 bedient sich der französischen Sprache. In ihm sind nur Personennamen genannt, so für Condé: „Thil, Matheis und Hanns Mück, Claus Guengkircher, George Marcus, Philippe herren Wirdt, Jean Jacque Musnier, Langen Adam, Hanns Schweisz".

Für Northen: „Laur Claus, Albert Mangin, Quirin Emmerich, Hainsel Herich, Dietz Krieger, Jacob, Johan und Theis Kueffer, Arnouldt Henrich, Schilges Irmel, George Recouvreur, Reimels Johan, Andreu Weber, Jean Laubrucker" [2]).

Der einzige aus Condé im Jahre 1230 überlieferte Flurname ist dagegen französisch: „vigne ke gist selonc la Soievigne a Condey" [3]).

Ueber Niedbrücken (Pontigny) lässt sich wenigstens einiges Material aus den Jahrgedingen und Grundbüchern von Condé-Northen aussondern. So wird im Jahre 1554 ein „lieu appellé Feiershecken . . . ban de Nidbruck" und 1726 im „ban de Pontigny" ein „canton au dessus du Hallewise" [4]) genannt.

Waibelskirchen (Warize). 1340 verpachtet Jehan Teste, Almosenier des Klosters St. Vincenz zu Metz, an „Conrair Haiart de Warise" eine dortige Wiese, für deren Zins sich dieser verbürgt mit einer
„vigne quil ait en Zelleboure sus le chamin de Bennee (Bizingen, Bannay),
terre quil ait en Cremebeire;
prey en Noirnaire que partet a Symelaire" [5]).

1475 schenkt „Hannes Stillaire" an „Hannes filz Thiedrich Croife de Werrixe" sein Anrecht auf ein Grundstück „que fuit Hannes Fristorf . . . que ciet en la ville de Werrixe en la rue du Sack decoste Thisse Claussequin dunepart et Xownbequin daultrepart" [6]).

---
[1]) N. A.D., G. 535.
[2]) Ebd., B. 4813.
[3]) de Wailly, II, Nr. 7.
[4]) N. A.D., G. 535.
[5]) M. Bz.A., H. 2291, S. 109 (Kartular von St. Vincenz, Hs. 15. Jahrh.).
[6]) M. St.A., Nr. 102, 14 (beides sind Metzer Amansurkunden).

Aus dem Gebiete von **Maizeroy** zwischen Pange und Rollingen liegt eine Anzahl Flurnamen vom Jahre 1272 vor. Dieselben lauten: „en s. Martinchamp, en la voie de Rouveroit, an la Cumenaille, on Moncel, an valz a la tornelle, an Crenel, en la voie de Franoit, an Gerairtpreit" [1]).

Frécourt. 1536 beurkundet das Gericht von Kurzel, dass Dediet der Maire von Frécourt dortige Grundstücke „en Pairty, an Chaunez, an Feumellouptchan" erworben hat [2]).

Ganz eigenartig ist das Material, das über die ehemalige Nationalität von **Argenchen (Arriance)** Aufschluss giebt.

Im Jahre 1468 entschliessen sich Heinrich von Warsberg und Werner von Esch, „so alsz unser banne und dorff tzu Argentz goede tzyt unbesatzet und onbewonet von luden gewest synt", dasselbe wieder zu besiedeln. So erhalten „Lowia Quousse Reinaltz son von Schanville und syn son Thomas, Johann Engilo, Collignon Marya, Noye Fessay, Lemerschú Hardai der junge, Wosche Hans und Simon" jeder einen Morgen „zwoschen der tengen und dem alden dorff tzu Argentz", um darauf Haus, Scheuer und Garten anzulegen. Diese Güter dürfen sie untereinander verkaufen oder vertauschen, aber niemandem „der uswendich des dorffs tzo Argentz gesessen ist, ysz sy dan myt unserm ader unser yrben erleupnisz" [3]).

In der Gemeindeversammlung von 1470 „da huit der egenante juncker Heinrich (v. Warsperg) in **welscher spraichen** erzalet" u. s. w. und ernennt „den ersamen Lauwya" zum Meier, „die ersamen Nauwy und Symony" zu Schöffen, Collion zum „dechen" (Dekan) [4]).

1477 stellt Heinrich von Warsberg und der Meier von Fletringen mit den nach Falkenberg entbotenen Einwohnern von Argenchen die Gemeindeordnung fest. Dort werden die Artikel „beiden parthigen zu dütscher und welscher spraiche erclairet".

In den Artikeln ist auch obige Bestimmung über Veräusserung der Güter in Argenchen enthalten. Weiter, dass sämtliche Streitigkeiten der Einwohner untereinander vor dem Gerichte des Ortes entschieden werden sollen. Dass aber die Schöffen „des raitz fragen und plegen sullent an den nesten nacheberen dörfferen, scheffen und gerichten zu yrer tzungen und spraichen", wenn ihnen ein Rechtsfall zu schwierig ist [5]).

1484 werden genannt: „Heinrich der meiger zu Argentz, Nauwe Fessa, Quons von Schanfill beide scheffen zu A., Thomas sin broder dechen, Johann Nauwes Fessa son, Johann von Sottry, Ansellion von Beschers, Groisz Johann, Jeckemyn der duppener von Thymofille, Pirson, Jehann Angelo son, Diedry des vorgemelten Jeckemyns son, allesament gesessen und innwaner des dorffs zu Argentze".

„Ein pletz wiesen . . . genant lay Hayge" wird als Almende eingerichtet [6]).

---

[1]) M. Bz.A., Cheltenham Nr. 32.
[2]) M. St.B., Nr. 142.
[3]) M. Bz.A.. Cheltenham Nr. 3572.
[4]) Ebd., Nr. 3485.
[5]) Ebd., Cheltenham Nr. 3573.
[6]) Ebd., Nr. 3520.

Herny (Herlingen).
Flurnamen aus dem Jahre 1438: „on lieu condit en Luxerieulle, en Hemmetel, Hermesaille" [1]).
1481: „sur Reba, sur Iyawe, en la porte."
Personennamen: „Mathieu Ludeman, Hanneman le tavernier, Mengin de Herney, Alexandre leschevin, Loran Pantel, Drowin de Sutry, Herny le Roy de Herney" [2]).
1510: „le prey . . . geisant on grant Bondiere on ban de Herney" [3]).
Diedersdorf (Thicourt). Ein Grundbuch vom Jahre 1420 enthält folgende Flurnamen: „sus le chaulfour, par long la haie de Vaul, en Forchamps, terre comdit la corte queille, a la Mars, la haie de Ronde, en la Crowiatte, en Feriaulprey, on lieu condit en Morville, en la pieces de Ruzey, on boix de Vaul, en Jalmeymont, en la Praye, dezous le boix de Feyvre, en Chessompreil".
Bei der Verpachtung eines Hofes in Thicourt im Jahre 1512 werden genannt:
„haie quondit la haie de Vaul,
le boix quondit la courte Escuelle,
terre que gist on Scay,
terre que gist on rupt de Venoux,
prey que gist au ruit a Febves;
haie que gist sus les Praillon,
prey que gist sur le ruit de Warrifontenne,
prey que gist ez Parsons".
Aehnliche Verhältnisse zeigt noch ein Grundbuch vom Jahre 1525 mit Flurnamen, wie: „a Laichay, aux foussez, sus Friauprey, en Venoux, on Scay darier Thehecourt, sus le Rouvay, en courtes Escuelles, au Sorbiez, le boix de Febves, le prey quondit la Person, on Melliere" [4]).
1550 (kurzes Grundstücksverzeichnis): „sur Hostat, sur la Coste, sur la Sablonniere, en la Langwisz" [5]).
Ein Weistum vom Jahre 1551 erwähnt eine „droiture dicte et appellee la maltotte, autrement dict la gabelle"; dazu Personennamen wie „Thiriat This, Hans Falquestain, Hans Quenequin, le gros Colas, Jean Boichat, Jehan Bagery, Chrestien Vigneron, Mengin Vogien, Bastien Lorrey, Heury le Gay, Bertrand Moitrier" [6]).
Aus dem Jahre 1580 ist ein sehr ausführliches Grundbesitzverzeichnis vorhanden. Flurnamen: „en Kleinborn, en la Sizeliere, sur la Fiersten, en Hostatt, sur Mobesperich, sur la Coste, aupres du Gibet, sur Mainspach, sur la Bergerie, es Keybernen, sur Beholtz, en Guezman, en Gueren, sur le rus de Helling, soubz le buisson de Kerborn, en la Langtabben, en la Dorkellen, en Nobrissien, en la Kleinlach, au bout de la Poignaule faulcee, sur Marcourt, es courtes royes, sur le petit Pastural, en la Heizelnheicq, au Cugnot, en la Langwisz, sur la

---
[1]) M. Bz.A., Cheltenham Nr. 2240.
[2]) Ebd., Nr. 2414.
[3]) Ebd., Nr. 3345.
[4]) Alles bisherige M. Bz.A., G. 732 2.
[5]) M. Bz.A., E. I. 10, 24.
[6]) Ebd., E. I., 86.

Sablonniere, sur la Gipserie, pres de la Chantreborn, es petites Braidhecques, sus les Reibenn, en Groszbrouch, en la Courtztabe, es Chenevieres, en Stainzel."

Personennamen: „Petter Boucher, Jean Bagard, Jean André, Colas Tisserand, Hans Guinguin, Alix Vosgien, Petter Mathis Hans, Claude Mathieu, Niclosz Parmenthier, Bastien Lucey, Jean Dellot, Kauff Hans, Clausz de Thonville, Gaspar Nickel" [1]).

Lesse an der Rotte. 1471: „Jehan des Clochette, Willame Perpegnant, Jehan Walthie, Jehan le Rouge, Jehan Goudeffrin", weiter eine „masier que gist en la plaice sus le rus Cabo condit" [2]).

Flurnamen vom Jahre 1504: „On lieu condit en Faygine, en Goy champz, en preis cloyt."

Personennamen: „Dediet Bredait, Didier Tredaire, Vaultrin la Chausse, Jehan de Herny" [3]).

1515 wird genannt eine „terre erreuse que gist en Enfer . . . ban de Lesse". Dazu die Personennamen: „Arnoult Hennemant, Didier Pattenaye, Jehan le Bruillairt de Chanoy" [4]).

Ein Besitzverzeichnis vom Jahre 1574 enthält Flurnamen wie: „en Faigny, a la Vignotte, en Diablefosses, en Wisse derrier Chanoy, en Wexellieres, sur le Vaulprel, en Draixe, en Menowe, en Fayet, sur la Lochatte, sur la Paillotte, en Chanevieres, en Foixien, a la grande Praille" [5]).

Zur Gemeinde Lesse gehört auch der sich nach Süden zu anschliessende Weiler Outremont. In seinem Gebiete werden im Jahre 1358 genannt „piesse que gist a l'airoin und le Broil dezous Lesse" [6]).

Aus dem benachbarten Lucy liegt ein Verzeichnis der Rechte der Abtei St. Martin bei Metz vor, das „vers 1380" datiert ist. Flurnamen:

„terre . . . en la roye de Relienprey en la lieulx.
„ dela le foussey,
lou bruel en Salce,
la crawee d'Alpingoule,
„ Ausoy,
„ de troche,
„ de stocle" [7]).

Ueberaus zahlreiche Flurnamen enthält eine Verkaufsurkunde vom Jahre 1518, die in einer Kopie von 1600 überliefert ist. Es wird genügen, die charakteristischen Formen herauszugreifen, wie z. B.: „terre seans au ban de Lecey on lieu qu'ondict en Reliensprey, ez tournelles, au Pragnuel, devant Febrimont, à la Parriere, en Chieboyteux, on Rayeulx, on hault de la Vignatte, on Cugnat, sur Wixo, en Chaisnes, sur Peuxebaiches; au Savegnon, au chaisnon de Saupprey, sur Saulces,

---

[1]) M. Bz.A., E. I. 10, 26 ff.
[2]) Ebd., Cheltenham Nr. 2832.
[3]) Ebd., Cheltenham Nr. 1138.
[4]) Ebd., Nr. 1478.
[5]) B.A.D., B. 231.
[6]) M. Bz.A., Cheltenham Nr. 453.
[7]) N. A.D., G. 521.

on hault de la Bourde, ou Giron, sur le Pacquis, darrier la Maladerye": daneben ein ganz vereinzeltes "ez tornelles de la Caymatte" ¹).

Zur Frage der ehemaligen Nationalität des Lesse unmittelbar benachbarten Armsdorf (Arraincourt), die ich in meiner Dissertation offen lassen musste wegen des völligen Mangels einschlägiger Materialien, kann ich auch diesmal keinen einzigen Flurnamen beisteuern. Glücklicherweise jedoch kann diesem Mangel diesmal wenn auch nicht völlig durch ein direktes Zeugnis abgeholfen werden. Als im Jahre 1578 gelegentlich eines Prozesses über Güter und Rechte in Armsdorf vor dem Metzer Gerichte der Zeuge "Johannes Motz, scabinus justitiae pagi Lesse" vernommen wurde, sagte er aus: "se illa non omnino scire posse, quia idioma germanicum, quo officiati in Arraincourt utuntur, non intelligat" ²).

Destrich. 1344 erwirbt Colignons de Destrey von Ancillon Gudelin de Destrey "lez 4 journalz de terre, dont il an gist
1 journal dezous lez arbres an Rode et
1 „ un la sante et jour et demey a Canat et demey jour an la Roie, ke tuit gissent on ban de Destrey" ³).

Château-Bréhain zeigt am Ende des 16. Jahrhunderts ein Gemisch deutscher und französischer Flurnamen. Die wichtigsten in einer französischen Verkaufsurkunde vom Jahre 1597 enthaltenen Formen sind folgende:

Saison de la Vignatte: en la Charbonnee, sur la sante de Haliback, au dessoub du poirier de la femme morte, sur Cotzenacker, derrier le petit estang, es longes royes.

Saison de la Jensnekasse: vers le Richeszpesch, en Nitting, en bas und on hault des Savellons, sur la Perche.

Saison du Greynneweich: sur les Lettes, sur Graweberich, derriere la crouwee, en Stouob, sur le chemin des vaches, sur le petit breuil, preys on dela de Brantebille, desoub les chaunes, en Stock, en Fichepert, es coups de thonnerres, en la Brockmade, en Cawelin⁴).

Ein undatiertes Grundbesitzverzeichnis der Pfarre von Château-Bréhain aus dem Anfang des 17. Jahrhunderts enthüllt noch weitere deutsche Flurnamen, wie „en Rosterboren, en Zwenbrel, en klein und en gros Fischpert, en Langfelt, sur le Gruneweg, sur le Spilbach" ⁵).

Frühere Materialien habe ich über diesen Ort nicht ermitteln können.

In noch weit höherem Grade macht sich das Französische geltend in dem nordwestlich angrenzenden Chicourt. Eine Verkaufsurkunde vom Jahre 1584 nennt: "terre .. en la fin de Chicourt ldt. on Rayeux, en la Calbenheck, en Gribrotte, en la Pierre, en Gollemont fin de Frémery, sur la Maix, on Chesne, devant le bel bois, sur les Abowes, ez

---
¹) N. A.D., H. 1073.
²) R.K.G. Nr. 1280, aus dem Französischen in das Lateinische übersetzt für das Reichskammergericht. — Motz hat einer Sitzung des Gemeindevorstandes in Armsdorf beigewohnt, aber nichts verstanden.
³) M. St.B. Nr. 196 (Metzer Amansurkunde).
⁴) N. A.D., H. 2734.
⁵) Ebd., H. 1238.

Savellons, on hault de Neufvechere, en la Grioye, sur Spritz, en Heze, sur Neibach, sur la Breick. — Aultre saison dicte devers Oron: desoubre la Brantenheck, sur la Coste, dessoubre la Halgasse, en la longe roye, en lestaie. — Preys: devant les Olnes, entre les Breulx, on Nid bar, ez Bacquesse, sur la Breick, on Wariprey, au dessus du Cugnot, en Lattelot, en la Roze."

Personennamen: „Luc Trabreize, Mengenot Gossel, Colas Drouat, Niclosz Chenider (= Schneider), Mengin Robert, Nicolas Moictrier, Jean Mussot, Niclosz Siguelle, Colas Ferry, Mengin Hacquard, Steph de Viller, Nicolas Terlattin, Jacob Spin" [1]).

Auch an diesem Orte fand ich keine früheren Flurnamennennungen, dafür aber ein unschätzbares direktes Zeugnis, das eine auffallende Aehnlichkeit mit dem im Anhange meiner Dissertation in Bezug auf Marsal mitgeteilten hat. Das „reglement de police", welches der Prior von St. Nicolas im Jahre 1551 für Chicourt erliess, beginnt folgendermassen:

„Premierement: Lon avoit de coustume de toutte anciennete ondict Chiecourt, de plaidoyer en allemand. Puis le proces demene lon le translatoit dallemant en romant, pour les porter a Remeilley ilec en demander advis et oppinion pour y asseoir et donner sentence, la quelle lon interpretoit de roumant en allemand. Que causoit audict Chiecourt grans fraiz et abbus, pour cause que la pluspart des manans dudict Chiecourt sont plus Roumans que Allemans — mondict seigneur de Chaumousey, prieur de sainct Nicolas, seigneur dudict Chiecourt seul et pour le tout, a ordonne et statue, que doresnavant les proces, que se feront et que seront desduictz et demenez par devant sadicte justice de Chiccourt, soyent faict, desduictz et demenez en roumant et non en allemant sur peine de desobeyssance" [2]).

Im Gebiete von Burlioncourt schenkt im Jahre 1216 der Graf von Salm an das Kloster zu Salival „sedem molendini apud Chanoncort .. et totum Rosatum et desertivam quaeque a vetere fossato usque ad novum extenditur" [3]).

1304 wird dortselbst ein „preit ke siet delcis la vanne dou dit moulin" genannt [3]).

Der Inhalt einer Urkunde des Jahres 1323, in welcher „Thielemans chappelains de saint Michiel en lenglixe de Marsaul" an „Symelo fil Herman et a Mergueron sa femme de Brulloncourt" folgende im Gebiete dieses Ortes gelegene Güter verpachtet, ist so wichtig, dass er unverkürzt mitgeteilt zu werden verdient:

„journalz de terre .. en la crowec lou chivalier a Bronspermede;
„ „ „ en Daunen steye;
„ „ „ a Guelez ackere; a Gallez ackere;
„ „ „ de waste vigne encoste la vigne Walthere Hallier;
„ „ „ a Hackenhobe cum dit Warserblosse;
„ „ „ a Walthrers burnelen;
„ „ „ a chief de la monteingne vers Vertigneycourt;

---

[1] N. A.D . H. 1240 (moderne Abschrift im Kopialbuch, H. 1225).
[2] Ebd., G. 459.
[3] Ebd., H. 1225. Band enthaltend moderne Kopien.

„journalz de terre .. a Tewerse roten:
„   „   „   a Stapphelon;
faulcie de preit a Hackenhobe;
„   „   „   a sainte Marie bournen;
„   „   „   on Brul lou chivalier u chief de Vronehabe" [1]).

Ein undatiertes Zinsverzeichnis, in dem als späteste genannte Jahreszahl 1539 vorkommt, erwähnt Aecker „en Scheuchersloch und sur Hertmeremaden" [1]).

1638 dagegen zeigen die Flurnamen des Ortes bereits eine starke französische Beimischung, so werden genannt: „en rouges terres, en Onguedal, en Jeudelin, en Brugebourg, on Cougnat, en Kelles, es Vignottes, en grises terres, en Kesmhert, en Hermennalle, en Galsaque (vgl. oben Gallezackere), sur la fontaine des loups, sur la haye de Cani, en bas de Hacqueralle, sur la Carmouche, sur les Katzenhech, en la Gargaisse, en Froinck, en la Huchette, en Tusche, en Steudeling, en Compusmat" [2]).

Im Gebiete von Obreck werden 1302 Grundstücke genannt
„on leu con dit Hinding an eptelon, und
„   „   „   „   Xindelen."
1545 verkauft „Kumen Hannus d'Obruck" dortselbst
„terre .. on lieu qu'on dit en Fierste messe;
„   „   „   „   „   uff Stain gebeis."

Ein Kauf von Grundstücken, „situés tant au ban d'Obreck, qu'en celuy de Lixin", erwähnt an Flurnamen: „les tournailles, sur le Welz, ez la courte roye, sur rouwe, en Stembiss, decost le Salneux, desous les deux poulrieres, en Witerburen, a la Fierstimez, sur le Pastureaux, en la Herrismade, on basse breux, en Trarenbrul, sur la Liderspol, en Sere, en Heselbech, en Guei" [3]).

Noch 1624 sind zahlreiche deutsche Flurnamen neben französischen genannt, wie: „sur le Grineveck, proche du Fichepoule, en la Langwytz, sur le Steynguebitz, en Risinguern, en Bourgraven, en Chemesmaden, en la Hernixemaden, sur la Crixemaden" [4]).

In dem benachbarten Wuisse verkauft „Enselos de Haracort" im Jahre 1312 ein Gehölz „a dessus de Sarmersdal". In derselben Urkunde werden erwähnt „heritaiges qui gese des lou leu com dit di Rochen en jusques a la cort de Beulranges [5])".

In dem südlicher gelegenen Beringen erwirbt im Jahre 1278 Bischof Laurens von Metz Güter „antre les quatres bonnes, lesquelles om apelle an thinx Xalemarker, liquele des marches est daieres lou leu com dit Burkebonne deleis lou gueye, li seconde est li rus de Wice anci com il soloit courre, li tierce ci est antre ceaus de Clervaux ot Xublebourne, li quarte ci est antre Bredehart et Malvaixhake", weiter „une piece de boix que om apele Cricquehart" [6]).

---
[1] N. A.D., H. 1237.
[2] Ebd., H. 1225.
[3] Ebd., H. 1227, moderne Kopien.
[4] Ebd., H. 1253.
[5] Ebd., H. 1234, Original, H. 1225, moderne Kopie.
[6] Ebd., H. 1225 moderne Kopie.

Hier mag auch der Inhalt einer Urkunde Platz finden, in der es sich um Güterverpachtungen in der Gegend von Obreck und St. Medard aus dem Jahre 1300 handelt. Die Wichtigkeit so früher Flurnamennennungen in diesem Grenzgebiete deutscher und romanischer Zunge sowie die in der Urkunde enthaltenen genaueren Ortsbestimmungen machen eine unverkürzte Wiedergabe notwendig.

„Une pesce on Rosoi antre lou boix de Sallinvaulz et lou boix la dame de Chastelz (Château-Voué = Dürkastel).

Item une pesce, en la quele cil de saint Clemant ont la moitie, que ciet en Udenhairt apres lou boix de Chastelz et lou boix de Villers, li quele pesce fiert a chamin que vet de Chastelz a Marsaul.

Item une pesce suz Bernardeshairt delleis lou boix de Chastelz.

Item lou giron suz montaingne Bernart, en quel cil de saint Clemant prannent la moitie.

Item la pesce cum dist Languehairt suz lou chamin.

Item la pesce cum dist en me Graise delleis la crowee de Belraingez.

Item dous jornaulz en Varnes delleis lou boix de Sallinvalz et lou boix de saint Medairt quest lou prestre.

Item une piece az corres delleis la crowee de Belraingez.

Item une piece desoire lez correz delleis lautre crowee de Belrainquez.

Item une piece en der Hairt antre lez moncelz, an quele li prestrez de saint Medairt ait la tierce partie et cil de Warguaville la tierce ausi.

Item une piece en Merswinkel delleis lou boix de Sallinvalz" [1]).

Um eine scharfe Abgrenzung des deutschen Sprachgebietes zu ermöglichen, ist es notwendig, noch in aller Kürze einen Blick auf die westlich angrenzenden Ortschaften zu werfen. Aus dem Gebiete von Fréméry sind eine grosse Anzahl Flurnamen in einer Urkunde des Jahres 1512 genannt, von denen eine Auswahl hier folgen mag: „sur le Pregnon, sur le Chameney, es tournelles, sur Wamprey, en Habouchamps, a la Trappelle, devant Lannois, au bas de Lavrio, au hault de la Vignette, a Lespinette, en Fahins, en longes royes, en Rovaul, sur Sourprey, a la haye de la Gueiche, au chief des Hiciottes, sur le puix" [2]).

Vannecourt. 1288 „terre .. au leu con dist an Heiviot" (auch Haiviot geschrieben).

1474 „terre .. on lieu comdit ez Meix" [3]).
1552 „ on lieu qu'on dit en Vuaccieulz" [4]).
1574 „ on lieu quondit darrier la Tainche" [3]).

Vaxy. 1229 „apud Cornechamp" [5]).

1304 „terre arusse ens Aubues dessous le pereilluel;
„ „ a Stafes".

. 1316 „en lai fin de Waixei un journal de terre airauble en Avyouz ... et demei faucier de preit om dit finaige en Chaistillom."

---

[1]) N. A.D., H. 1234 Original, H. 1225 moderne Kopie.
[2]) Ebd., H. 1073.
[3]) Ebd., H. 1256.
[4]) Ebd., H. 1227 moderne Kopie.
[5]) Ebd., H. 1246.

1333 „n Grai, dairrier ln Strainche, an Drowat mollin, an Warnon fontainne, ou ha de grans, a la Samure, an lai Plaintiere, on Close" [1]).
Vertignecourt (abgeg. Ort zwischen Vaxy und Puttigny).
1304 „en Bunelchamp und en la Planteire".
1414 „en la fin de la Hogne: daier la Tainche, en Fray, sus le Fosseis, es Brullais, on preit Varin;
en la fin de Rozoy: es Poirieres, sur le Paquis de wal, en Besonchamps;
en la fin de Rebueval: en Montchenal, a malvay moulin;
en la fin de Huedival: en la haye de Vy, en Robertterre, on Salsis" [2]).
Puttigny. 1280 schenkt „Johannes Dominicus Morcy de l'etegneit 5 jornalia terre arabilis sita in finagio de Petigneit, scilicet in loco ... en Rembenvalz, en Hemmenchamp und en Chanonchamp."
1570 „en Praille und en Bottomprey" [3]).
1622 „es tornelles, en Chamont, on hault de Roscaulx, derrier la Tainche, en Chenelay u. a. m.[4]).
Gerbécourt. 1397 „vigne .. en la fin de Gerbiacourt on lieu com dit a Romperrel" [5]).
1485 „en Louche, es Taille, en Xerdel, courteroie" [6]).
1582 „dessus la cotte, on Saulcy, ez Enseignes, a la vignette Maillat, derrier Rouzat, en Bozonchamps, sur les Courtefaulx, au Tahon, ez rouges terrer u. a. m.[7]).

* * *

Genesdorf. Im Jahre 1336 verkauft „Johannes dictus Wiert de Gunderstorf" (Genesdorf) an das Kloster zu Vergaville einen Weinzins „in veteri torculari sito in banno de Gunderstorf in loco dicto Guntersborne" .. weiter „jornale vinearum .. in banno de G. ... i. l. d. retro Wytersberch et ... Eiersborne" [8]).
Als Bewohner von Mulcey werden im Jahre 1284 genannt „Ferricus und Hanricus dictus Schillere, Johannes filius dicti Prediere, Waltherus dictus Ubelthin de Milceyo" [9]).
1461 „pre gesant on ban de Mulcy on lieu dit Rammesbach" [10]).
1462 werden gelegentlich eines örtlichen Schiedsgerichtes in einem Streite zwischen den Stiftern Vergaville („Widerstorf") und Bassel in deutscher Urkunde genannt: „die bosche genat schhsz grosz und clein, gelegen in Milczinger banne an myns hern des hertzogen von Lothringen bosche genat der Rodeberg einsite und dem Meinsperge ander site" [9]).
In Weisskirchen fand im Jahre 1605 eine Aufzeichnung der

---
[1]) N.A.D., H. 1256.
[2]) Ebd., H. 1227 u. 1256.
[3]) Ebd., H. 1227.
[4]) Ebd., H. 1230.
[5]) Ebd., G. 881.
[6]) Ebd., H. 1230.
[7]) Ebd., H. 2741.
[8]) Ebd., H. 2474.
[9]) Ebd., H. 2480.
[10]) Ebd., G. 921.

Rechte des Klosters St. Maximin bei Trier in deutscher Sprache statt. Man hielt sich dabei an „Walter Busser, meyer zu Weiszkirchen, und Adam Prüffer, auch inwohner daselbsten, als die ältesten ermeltes dorffs und so der deutscher spraach erfahren" [1]).

St. Medard. „Ottinus miles de Marsal" tauscht im Jahre 1258 mit dem Kloster zu Vergaville drei Morgen Ackers „in finagio de sancto Medardo", von denen zwei nur der Lage nach ohne Namennennung beschrieben sind, der dritte aber gelegen ist „in finago de Bellart". Als Aequivalent dieser Güter wird geboten „quoddam jus quod dicitur gallice oblie, quod constat ex dimidio ymali frumenti" etc., also ein Naturalienzins.

1316 verkaufen „Huguelos et Folmers freires et enfans Petreco dit dou Merchie qui fuit, Huch diz Malaire et Elsekint sai femme" an Vergaville ein
   boix gesant derrier saint Medairt;
   „ comdit Bouckeshairt;
   „ „ der Guero en Richkerteshairt.

Aus dem Jahre 1524 ist sogar ein deutsches Grundbuch erhalten unter folgendem Titel: „In dieszem register stenth alle ecker, matten, waldt, boesche die da gehoirent zo dem hoeff genant zo sant Medart, ernuwertt durch den wirdigen heren Johanes Jacobi kirchere zo Biederstorff, anno domini XV^{C}XXIIII uff friedag vor Philippi und Jocabi der heiligen apostolen". Von den zahlreichen genannten Flurnamen seien erwähnt: „uff dem Brul, uff der Welterszgruben, hinder dem Kallenberg, in der grauwen Rechen, ghin sitt Prattel, unden an der Hollhecken, an der Gibtgruben, in der Murszlachen, an der Reben, neben der Kirchhecken, an Funtel (auch Fünthel), uff den Kirchwegck, zu Wingersz, im grinen Drisch, zo Ruffelckenbrun uff der bach, uff der Ferstery, neben Rechsbrunen, zo Büllersteige, uff dem Halermerszberg, im Roedgin, im langen Besch, uff dem Hassensprunck, uff den Menelschberg, bey den Füschslocheren [2])".

Bathelemont (Bettemberg) vgl. St. Medard. Im Jahre 1401 pachtet „Andrieu maire de Bathelemont devant Marsal" von St. Ligier in Marsal folgende Güter:

„terre gesant derriere s. Medard on lieu dit in Wymes;
 „ „ „ „ „ „ - „ sus le Brul;
 „ „ delez „ „ „ „ sus le Rain;
 „ „ „ „ „ „ „ uff dem Krugen bule;
 „ quondit der krom Acker gesant au desoure de Vontel;
 „ gesant pres de Bathelemont pres dun partuis quon dit des Dours Loch;
 „ „ uff dem Remulsbule;
 „ „ on lieu dit üff dem Knöpchin;
 „ „ entre Bathelemont et saint Medard abouttissant au lieu dit üff den Pullen;
 „ abouttissant a la poirriere du Gix;

---

[1]) N.A.D., H. 698.
[2]) Alles N.A.D., H. 2482.

„terre gesant au desoure dez vigne;
„ „ au delay du lieu dit Pradel;
liretaige dit des Vorer Erbeschaff;
pre gesant au desoure du lieu dit Prattel;
„ „ decoste Büller stege et vont en Auroy;
„ „ devant la riviere de Saille;
„ „ on lieu dit in der Bornlache;
„ „ au desoure du lieu dit Vontel;
„ „ on lieu dit in der Vörsterigen;
bois „ on ban de s. Medard on lieu dit in der Wostingen" [1]).

1087 finden sich in dem Auszuge eines Grundbuches des Klosters Vergaville deutsche Flurnamen im Gebiete von Bathelemont nur noch vereinzelt, wie z. B. Tirheck und Goutborne in der „saison vers Mulcey" [2]).

Marsal. 1266: „la plece que siet an la Stree a Marsal; chaukeur ... on finaige de M. desous Sempieremont."

1295 „Jenas dis Bukelos maires de Marsaul, Hennelos Fakegnons mastreschavins, Hennelos dis Contrefait, Matheus fils Druyn que fuit. Druyon dis Papa, Colins Mache et Lowy fils lou mayour Thiebaul que fuit, eschaving dou dit leu; Bartrans fils monsignour chevaliers, Karles seis oncles, Thierchelos Dubre, Petrecos dou Merchie, Grillas et Albrecos, bourjoi de la dite ville" [3]).

1296: „L'abbesse de Wargaville (Warkfeld) vend à la comtesse de Spanheim et à sa fille Adelaïde, religieuse à Nonnenmünster, une rente de 5 sols sur une maison située à Marsall, dans la localité dite Vrohwinkel, pour 5 livres" [4]).

1350: Die Zinsrotel des Klosters zu Salival enthält folgende auf Marsal bezügliche Namen: „vigne deleis lou chaucheur Fermecho, en Penche, en lai Craste, en lai longe roie, en Argos, en Rouseires, en Venant, en Remolsait, desous Froimont, devant lou Rouscoit, en Sterre, en Xuceborne, en lai coste, an Noiwernel, sus lou preit de Viervalz, terre dou Cugnat devant Corrut, preit ai labe espine qui siet en lai voie antre Moienvi et sain Mertin, gerdin deleis lou Paisquis de s. Martin."

Personennamen: „Matheus Clinquinaire, Jehans Xoweque, Colin Simelo, Jehan Curbin, Hennelolz Xornehale, Colin Pelerin, Simont Raindegaire, Jehans Weirions, Thiedris Nibelaire, Jehan Cocherel, Jehans li filz Conchelman, Outheman de Belenges, Hanri Chesquelen, Jehans Baitans".

1382: „Vendremate de Hudival", wohnhaft in Marsal, verkauft an Salival einen Zins auf ein Haus in Marsal „en Potebourne".
1400: „meix gesant en Bosmade".
1448: „en la rue Pellairt" in Marsal [5]).
1471: „Jehan Lolier de Marsal" verkauft an Peter Lempelin

---
[1]) N. A.D., G. 921.
[2]) Ebd., H. 2482.
[3]) Ebd., H. 1250.
[4]) Str. Bez.A., E. 5153 G. Regest aus dem „Inventaire analytique". Die Urkunde selber ist an Bayern ausgeliefert.
[5]) Alles vorhergehende N. A.D., H. 1250.

dortselbst eine „maison ... en la rue dez paixours und meix ... en la rue dit Froischwincle" [1]); vgl. ao. 1296.

1491: „terre ... ban de Marsal ... on lieu que se dit desoubz Bentze achte".

1516: „preis en la Meyschebach on ban de Marsal; maison en la ville de M. en la rue l'aillarde".

1532: „maison ... gisant a M. pres de la Xaideporn;
„   „   „   „ en la Watte rue".
1538: „   „   „ „ „ au but de lestree;
buverie „   „ „ „ en Budengasse" [2]).

1567: „terre seant on ban de M. on lieu qu'on dict on Bantz loch" [3]).

1580: „terre ... ban de M. on hault de Strinck" [4]).

1607: „prey au ban de M., appellee communement la grande Wismade" [5]).

Noch 1653 im Grundbuch von St. Eloy kommen deutsche Flurnamen vor, wie „bois de Strinck, la Vismadt, la Mespack, preys de Borache" neben französischen, wie „dessous des Pairieres, on haut des Noyers, au dessous de la Boulatte des prestres, la fontaine de la Sausse, en la bennesalle, es grands preys" [6]).

St. Martin bei Marsal. 1350 Zinsrotel von Salival. Flurnamen: „vigne en Sallins (en Sailins), ez Ordres, on costeit desour Cortruy, ez fort terres, en bel champ, en Argos, en lai Gipserie, desour Court ruy (Corruy, Corrut), en lai longe roie, terre sus les Rozois".

Personennamen: „Jaiquemins Karlas, Conins Magny, Jehans Rainbalz, Jehan Durant, Jehan Ramponnel, Hennekin Beuze, Aubertins Droville, Jehans Rechiers, Thierris li Forniers, Lowiat Thomessel, Jehan lou Huresat, Colin Renairt, Moingins Lambelel, Watrin Mavay, Olry Baitaille, Wirion Bedant, Jehan Kenaipelin sus coffeborre, Guerairt Faixin, Jehans Hullbalz, Stevenin Xerle, Jehans Bosselins, Rainbal Ochin" [7]).

1382: „vignes gesant ou ban de St. Martin on Strainguelim" [8]).

1454: „Henselin Hanze li vignour demourant a Marsal" verkauft an „Remei filz Hanns Gloutzer" ebendort einen Weinberg „on ban de St. Martin en Crudebule" [9]).

1459: Niclos Gowerquin pachtet vom Kloster St. Vincent zu Metz den Hof St. Martin bei Marsal „avecques une piesse de bois que giet en Kröseloch au dessoure lestang de Viervalz" [10]).

1464: „Thirion filz de Ferry Spet de Marsal" verkauft an Salival

---

[1]) N. A.D., G. 921.
[2]) Alles vorhergehende N. A.D., G. 921.
[3]) N. A.D., H. 735.
[4]) Ebd., G. 914.
[5]) Ebd., G. 920.
[6]) Ebd., G. 883.
[7]) Ebd., II. 1250.
[8]) Ebd., II. 1250.
[9]) Ebd., G. 914.
[10]) M. Bz.A., Cheltenham Nr. 1708.

einen Weinberg „gesant sur le Rain ou ban de St. Mertin". Personennamen: „Matheu Ryme, Niclas dis Bazeler, Hanseman Pluger" [1]).
1466: „vigne ... ban de St. Martin au deszoubs de Froymont" [2]).
1495: „Dedie Guecheman", wohnhaft in Marsal, verkauft eine „piece de meize ... on ban de St. Mertin in dem Lawel;
„ „ „ in Bantzloch".
1535: „Claudon Ottin de Marsal verkauft eine „vigne ... on ban de St. Martin on lieu condit en Crudebulle;
„ „ · „ „ „ „ en Bruchetroide" [3]).
Harraucourt. 1445: „terre ... ban de Haracourt devant Mersalt, on lieu con dit Wymelacbourne" [4]).
1450: „vignez gisant en Mariaboix, on ban de H.
„ „ en Argois a la coste".
1465: „boix ... on ban de Haracourt en Clervalx entre Jehan Prenel ... et Diethman" [5]).
1480: „gerdin ... ban de H. sus le Bulle, Mathis Clein Hanns dunepart" [4]).
1517: „bois ... que siet en Crouselack dentre Marsal et Hampont ... on ban de Haracourt" [6]).

In dem französischen Grundbuche des Ortes vom Jahre 1591 überwiegen die französischen Flurnamen entschieden, wie „on Callisse, le champs les Jaultz, ez rouges terres, en Clervault, sur le bon puis, le champs de la Poiriere, ez Massailles, devant le Rouzot, ez preyz de Boulle". Daneben nur vereinzelte deutsche Formen, wie „en Garlismade, ez Graullins (?), en Grinerech" [7]).

Recourt. 1296: Nicholes de Marsal schenkt an Clervaux dortselbst einen

„prei ... condit a la poiresouse fontaine; und
„ „ a la Marie".
1310: Verkauf eines „preit gesant sur Archies" [8]).
1428: Das Testament der „Florette femme Clesquin de Droneicke" in Marsal nennt: „terres ... on ban de Riecourt ... au desoure de la fointennette du preis notre dame" und „seix danreis de preis gisant au desoubz de Strüncke" [9]).

Morville bei Vic. 1276: Schenkung dortselbst „a Frebroy" [10]).
1279: Verkauf „en Jaltochamp, apprès la crovée saint Gorgoine, à Malei, en Laisboix, sus Leinpreit (à Leipreit), à Sames" [11]).

---

[1]) N.A.D., H. 1250.
[2]) Ebd., G. 920.
[3]) Ebd., G. 921.
[4]) Ebd., G. 921.
[5]) Ebd., H. 1250.
[6]) M. Bz.A., Cheltenham Nr. 3338.
[7]) N.A.D. H. 736.
[8]) Ebd., H. 612.
[9]) Ebd., G. 918.
[10]) N.A.D., H. 1226 moderne Kopien.
[11]) Ebd., H. 1227 ebenso.

1366: „terre on leu condit à la Neif" [1]).
1429: „boix „ „ „ en Balpamez" [2]).
1464: „vignes „ „ „ es plantes Laneseul" [1]).
1479: „vigne „ „ „ en la Vescus" [1]).
1481: „prei „ „ „ ez grans ocours" [3]).

Flurnamen des 16. Jahrhunderts aus Einzelurkunden: „en la fosse, en Bertrambois, es trappes sur le préz le Jaulz, le boys de Quessenatte, boys de Cheza, es Chènes, à Sorbeix, en la Chaulme, dessoubz la Fauxetaul, on Pasturaux, dessus fontenelle, es tourneures, en Jaillat, à Haissat, en Tenawoy, à monter la Faxta, en Foully, à la Bourde" u. a. m.[4]).

Moyenvic. 1466: „on Gobelat, en Chenaulx, en Mellucksin" [5]).

1492: „dever lez vies coppez, a la cowe de lestang, en Mellencussin, on Chenat, on hault de la Traye, ez Mezes, en Argo" [6]).

1500—1510: „on hault des vignes des Leawes, a la Croisette, boix de Foully, en Hasieul, on hault de Belrawart" [7]).

Vic. Ein undatiertes Güterverzeichnis, der Handschrift nach der Wende des 13. zum 14. Jahrhundert angehörig, enthält zahlreiche Flurnamen aus der Gegend von Vic, z. B.: „on Star, ala hate bonne, en peti Couroy, on Gontal, en la courte rae en Hamoinmeis, ai Verai par devers Chambrey, en Toulonne, en Derammei, en Molinne, a pomier, en Fonsonval, en la Rengne, su Sacienru, en Frayneil, eiz Copeis, en Braval, en Leaprey" [8]).

1509: „on Peuxeulz, en Quatereulz, en Pastouran, en Rogiemont, en Channoy, es Ochiers, es plantes, en Xemont, en Resoncouste, es Maixelles, en la Falaise, en la Poirxel, es Leawes, es Vadoises. en Mesiamont, en la Poullette, en la Bousuelle, en Foullay, en Follienchamps, on Chiers lieux" [9]).

Juvelize, Gerskirchen.

1350 „preit . . fin de Geverlize zů Waltermaden" [10]).

1400 „Peiter Paffe de Geverlixe" verkauft an Salival Wiesen „on ban de Geverlixe en Weichmade und en Wehemade" [11]).

1438 „une chanievicre . . gisant en la fin de Giverlize on leu condit le Gasselin" [12]).

Sehr reiche Materialien liefert ein Zinsverzeichnis Salivals vom Jahre 1541 über Gerskirchen: „terres en Langdag, en Beulange, en Languemaden, sur la Xefferie (Schäferei), dessus Adamberg, on Honrach, desoure les vignes, en la sante de Doneley, en Vechemaden, en Sibillehuss, devant le Rebberg, en la Kelle, en Guldeberg, devers le vielz

---

[1]) N. A.D., H. 1226, moderne Kopien.
[2]) Ebd., H. 1227, ebenso.
[3]) Ebd., H. 402.
[4]) Ebd., H. 1226 u. 1227 gemischt.
[5]) Ebd., G. 920.
[6]) Ebd., H. 321, Zinsverzeichnis v. St. Christophle in Vic.
[7]) Ebd., G. 899 ebenso.
[8]) Ebd., G. 318.
[9]) Ebd., H. 321, Zinse von St. Christophle.
[10]) Ebd., H. 1250.
[11]) Ebd., H. 1244.
[12]) Ebd., H. 1225, moderne Kopie.

gibet, sur lestaine, en Xeinemanden, sur le Xaweux, oultre Weichmaden, en Rentzemaiden, on Sabvelon, a la fosse, sur le Hollehacque en la sante de Blancheeglise, en Verxeboren, darrier la Hoben es grandes roies, en la Wechelac, a la Croixette, darrier le Holleberg, jerdin en Hequelboren, ou Grasselin".

Personennamen: „Jehan Ludeman, Hanry Dommeray, Mathis Schefferhensel, Jehan und Didier Masson, Groszhanns, grant Claude, Andreu de la Haie, Jehan Regnard, Henzelin clein Nikel, Jehan Thiesselat, Mathis Lishanns, Starck Hanns, Jehan Steph, Niclas Germain, Niclas Schnider, Niclos Strust, Henzelin Crenselin, Jehan de Perroie, Niclas Strusing, Helichhans" [1]).

Aehnlicher ausführlicher Verzeichnisse giebt es über diesen Ort noch mehrere, die dem eben mitgeteilten gegenüber nichts wesentlich Neues bieten. Sie alle sind in französischer Sprache abgefasst, daher hier und da wohl mancher Name übersetzt. Die zu den deutschen Flurnamen gehörigen deutschen Präpositionen sind durchgehends durch französische ersetzt. Nur in einem Grundbuche von 1544 sind in einigen Fällen die deutschen erhalten, z. B.

„terre in Borgweig;
„ en la sente de Marsal in Hottemberg;
journaulx offet Stainen;
„ offten Nechten stainen;
preilz gisant in der Keire lachen" [1]).

Lezey. 1406 verpachtet Symon, der Pfarrer von Lezey an den Maire Thoveni Viole von Klein-Bessingen
„prei desoubz le boix Anguenet;
terre on lieu condit aul Perrilz" [2]).

1476 verpachtet St. Ligier in Marsal Güter „tant on ban et finaiges de Lizey comme es bans joindans: preis .. davant de mollin, au deszoubz de Struncke, dever le Bruelz de Mormont, par dillay Lizey on saussis Groszekeulle, en Avyo, en Molfointainne, es Raibueffz sus le ruis. Terres en Landompont, on hault de Rawon, dissay lyauwe permey la Pengelle, an Montoy" [3]).

Eine Verpachtung von 1530 enthält „preys en Ovie, sur le Pasquis, en Mortfontainne, an buissons du preste, es coppes, desoubz les bois de Strincte, en Sallyeave; terres en Landopont, en Tahon, en Mont rawon, le Rousat, en la Pangal, es Poincteilles" [4]).

Saleaux haben wir bereits als Flurnamen im Gebiete von Lezey kennen gelernt. Es ist eine Oertlichkeit, zwischen diesem Orte und Gerskirchen gelegen, deren Name schon in lateinischen Urkunden in der Form „salsa aqua" vorkommt, um mit dem 13. Jahrhundert in französischen Quellen als „Saleawe" aufzutreten. Dieser romanische Name hat sich, abgesehen von kleineren lautlichen Veränderungen, bis heute erhalten. Aber in der Nomenklatur der kleineren Teile der durch ihn bezeichneten Flur muss eine grosse Umwälzung stattgefunden haben.

[1]) N. A.D., H. 1244.
[2]) Ebd., H. 1248.
[3]) Ebd., G. 921.
[4]) Ebd., G. 920.

Das beweist das Zinsverzeichnis des Klosters Salival vom Jahre 1541, in welchem neben Gerskirchen der „prey de Saleawe" behandelt worden ist. Für dessen einzelne Teile finden sich Namen angeführt wie: „Languemaden, en Bergenboren, en Bersenberge, oltre la Floisbaich, en Weichemaden, en Bersenboren, le Wadelz, en Chasay, en Moustrotmaden" [1]). 1269 „la salinne de Salleawe" [2]).

Ley. 1491 pachtet Thiesselat Rabasson de Ley vom Kloster Salival eine „piece de prey .. quon dit le prey Blanchart, seant en la fin de Ley entre le prey de la courte roye dunepart etc. weiter „au Romprey" [3]).

Einem Güterkauf vom Jahre 1627 sind folgende charakteristische Flurnamen entnommen: „en Vatieprez, à la grande Saulx, es Trempes, dessus l'espine, au Cougnat, sur Chezal, en Aribois, à la grande roye, au Rozat, en Starpes, sur la grande fouriere, à la Presle, en la Goutte, au grand trait, ez grands meix" [4]).

Aus Donnelay, Dunningen ist ein deutsches Jahrgeding von 1416 teilweise erhalten, das mit folgenden Worten beginnt: „Dis sint die reht, die min herre von Metze zů Dunnigen hat, und wart dis gesprochen zů dem jordinge zů Dunningen des mentages noch sant Martins tage anno MCCCCXVI und worent do by zwene herren von dem closter zů Nuwiler und Behtran von Lienkort und der schaffener von Marsel und vil andere".

Ein 1567 in Marsal verfasstes Grundbuch enthält folgende Flurnamen: „on lieu quondit au Pymor, on Weschmad, es vignes du Pacquis, en Weiszmade, en la croix Blaisin, on hault de la Warde, en Mocquehem, aupres de la Maltcemade, on Pransieux, aupres du Wibermade, on hault de Clobure, on Grabelin, en Languemade, on hault de Cuttegney, en Peyne perdue, en Schlesquim, sur le Xaweux". Die Personennamen sind schon überwiegend französisch, wie „Domenge Poiresson, Hanzo Collegnon, Grand Didier, Crestien Nicquel, Nicquel Claude, Mongin Hanns, Mongeatte Daulphin, Florentin Marschal, Dediet Hanzo, Colas Calmet, Fiacre Jean" [5]).

Bourdonnay (Bortenach). 1352 schenkt „Renadin de Marsal fil Stevenin de Bordenier" an das Kloster Haute-Seille folgende Wiesen: „en Bruel, au Bruel Petre, on Ruxel, zou Palmaden ou condist en der Aten".

In einer 1576 angelegten Zusammenstellung von Besitztiteln des Klosters Haute-Seille in Bourdonnay findet sich unter dem Jahre 1494 „le brul des Saules, sur la grosse Halbe, Thidingen; la Basebach, en notre langage le mauvay rux"[6]); Obenbach, a la basse Kele, le Kurtzholtz, au lieu dit Thalenmatten ver le Hinguaten brul sur le rux ou riviere, lieu dit Burgesberge, Spitke, au poel de chien, Schilboye,

---

[1]) N. A.D., H. 1244.
[2]) de Wailly II, Nr. 129.
[3]) N. A.D., H. 1229.
[4]) Ebd., H. 1225.
[5]) Alles in N. A.D., G 975.
[6]) Das Original war in deutscher Sprache abgefasst. Das „en notre langage" u. s. w. ist ein Zusatz des überarbeitenden Mönches in Haute-Seille.

Clechey, Kruckheye, Rissenmatt, Von de witzen, Stembach, sur le haut appelle Lambetzbitge, Reche, mittelsten Bildegart, Crichtmatt". Personennamen: „Heitz, Schelmes Petté. Rebben Heisel, Hans Mege, Jean Petit Demenge, Nicolas Tixlant, Nicolas Toussaint, Gerardin Loux, Gerardin Vaultier, Pierron Doyen, Claudon Petirman, Langenhans".

Ein Einnahmeverzeichnis von Haute-Seille aus dem Jahre 1583 zeigt schon wesentlich veränderte Verhältnisse. Flurnamen: „le breul de Hessen, le prey Xilbo, le clanchier, Marthhey, le poil le chien, la goutte de Resingen". Personennamen: „Pieron Doyen, Simon Porxin, Jan Tixerant, Jan Guerard, Didier Pieron, Coulas Toussainct, Colas Simon, Mangin Gerardin, Jan Steff, Jacob Lamance, Jan Hugo". [1]).

In Maizières bei Vic hat das Kloster Haute-Seille ein Recht „la messecorn" genannt, erwähnt im Jahre 1548 im französischen Zinsbuche dieses Klosters [2]). Im Gebiete dieses Ortes finden sich noch heute deutsche Flurnamen.

Für den nun folgenden südöstlichsten Teil der lothringischen Sprachgrenze sind wir nicht lediglich auf Flur- und Personennamen angewiesen: für ihn können wir — wie schon oben einmal bei Armsdorf — direkte Zeugnisse über Sprache und Nationalität benutzen. Besonders für die Grafschaft Rixingen sind die Reichskammergerichtsakten sehr reichhaltig.

In den Gerichtseingaben der genannten Grafschaft giebt es einen nahezu ständigen Paragraphen, der von der Sprache handelt. So finden wir noch im Jahre 1615 das Deutschtum der Grafschaft hervorgehoben in einer leiningenschen Beschwerdeschrift, in welcher Art. 3 folgendermassen lautet: „Verum quod incolae dicti comitatus aut districtus ac pagorum Rixingensium olim et adhuc ante paucos annos lingua germanica communiter aut saltem frequentius usi fuerint". In Art. 1 war bereits mitgeteilt, dass die Grafschaft besitzt „castrum in Rixingen, arcem Mörspurg, pagos Gunderrichingen (Gondrexange), Mietsch (Moussey), Elbringen (Avricourt) et Volkringen (Foulcrey)" [3]).

In der Gegeneingabe des Anwaltes von Gunderchingen aus demselben Jahre wird diese Mitteilung über die Sprache der Grafschaft bestätigt mit der Bemerkung, es komme nichts darauf an: „Primum, secundum, tertium articulos veros esse at irrelevantes" [4]). Und thatsächlich hatte der Gegenstand des Rechtsstreites mit der Sprache der Bewohner nicht den geringsten Zusammenhang.

Um nun auf die einzelnen Gemeinden der Grafschaft einzugehen, so werden im Gebiete von Rixingen genannt: anno 1557 „duo prata quorum unum die Roren, alterum vero der Gulen nuncupatur" [5]).

1558 „duorum pratorum, quorum unum der gute, alterum vero Eingenpful in finibus Ricecuriae sitorum" [6]).

---

[1]) Alles in N. A.D., II. 627.
[2]) N. A.D., II. 557.
[3]) R.K.G. Nr. 998. Aehnliche Angabe über die Sprache schon im Jahre 1602; ebd. Nr. 990.
[4]) Ebd., Nr. 999.
[5]) Ebd., Nr. 337.
[6]) Ebd., Nr. 3336.

Auch über die Anwendung der deutschen Sprache bei örtlichen Beurkundungen findet sich in den Akten des Reichskammergerichts schätzbares Material. Selbstverständlich sind bei der Beurteilung dieser Fragen alle Urkunden auszuscheiden, welche für diese Reichsbehörde selber bestimmt waren, denn in solchen wurde die deutsche Sprache des öfteren auch von Parteien angewandt, die unzweifelhaft französisch redenden Gemeinden angehörten. Wenn dagegen im Jahre 1578[1]) die Amtleute von Rixingen einen Nachrichter in deutscher Sprache ernannten, und wenn anno 1600[2]) die Schöffen dieses Ortes ihren Spruch in deutscher Urkunde erliessen, so kann dabei keinerlei Rücksicht auf eine Reichsbehörde obgewaltet haben, sondern lediglich der örtliche Brauch bestimmend gewesen sein.

Die Personennamen Rixingens zeigen im Jahre 1605 bereits eine erhebliche französische Beimischung, es seien erwähnt „Weiler Hans, Gasper Waqueville, Georgius Lommiat, Nicolaus Marchal, Joannes Loinsman, Joannes Pelletier, Joannes Becker, Nicolaus Halbarde, Claudius Muller, Andreas Gory, Adolphus Engelman, Georgius Boyleau, Claudius Henry, Joannes Bailly, Claudius Herquel, Andreas Willennickel, Mathias Kremer, Anastasius Fischerhans, Adolphus Grollot, Nicolaus Cherier, Carolus Geist, Bartholomeus Schumacher, B. Stadler, Mathias Wöll, Lupus Boncrestien, Desiderius Cholat"[3]).

Folkringen (Foulcrey) weist im Jahre 1602 einen Wald auf, der angeführt wird als „Kindts oder Freywaldt vulgariter nuncupatum". Aber zur Zeit scheint die deutsche Sprache hier schon völlig oder wenigstens nahezu verdrängt gewesen zu sein, denn der Kammergerichtsbote Wendel Schörch meldet im Jahre 1601, dass er dem Mayer des Ortes eine kaiserliche Ladung in lateinischer Sprache übergeben habe, „welche ehr von mir empfangen undt dem pfharer daselbsten mit namen h. Johanes Anthoni zugestelt, welcher solche citation ihnen (d. h. den Einwohnern) auf welsch den ihnhalt fürgehalten"[4]).

Moussey (Mütsch). Im Jahre 1619 werden zwei Flurnamen genannt: „locum le prey de champs George dictum
„ petit rayeux dictum"[5]).
Im Jahre 1574 in lateinischer Urkunde genannte Personennamen sind französisch, wie z. B. „Claudius Collat, Joannes Gaignet, Nicolaus Lourse, Joannes de Chaulx, Dominicus Moistrier, Franciscus Mengin. Joannes Haziat, Claudius Pacquatte, Joannes Barct, J. Masson, Claudius Bridon u. a. m."[6]).

Ueber Avricourt (Elfringen) ist leider nur ein sehr geringfügiges Material vorhanden. In einem Streite, den dieser Ort mit Rixingen hatte, handelte es sich um eine auf der Grenze beider Gemeinden gelegene Wiese, die im Jahre 1566 in deutscher Urkunde „die Rossäw" genannt wird; 1560 in lateinischer Urkunde „in loco vul-

---

[1]) R.K.G., Nr. 976.
[2]) Ebd., Nr 514.
[3]) Ebd., Nr. 989.
[4]) Ebd., Nr. 990.
[5]) Ebd., Nr. 1137.
[6]) Ebd., Nr. 1119.

gariter nuncupato Rossaux in finibus rivi Sanoniae" ¹). 1572 in der lateinischen Uebersetzung einer französischen Vorlage „in prato vulgariter appellato le Rosat banni Sanon . . . pratum est ab omni tempore pratum arundinum appellatum" ²).

Die in den Jahren 1560—65 zwischen beiden Gemeinden über diese Wiese gepflogenen Verhandlungen sind in deutscher Sprache aufgezeichnet. In einer solchen finden sich als Bewohner von Avricourt anno 1561 genannt: „Niclaus Hansz Ferry, Niclaus Baille, Dominicus Hansz Mengin, Mengin Joerg, Niclaus Dieterich, Hans Walter" ¹). Ohne Zweifel hat hier eine weitgehende Uebersetzung stattgefunden. Im Jahre 1605 genannte zahlreiche Einwohner führen durchaus französische Namen ³).

Das ist das über die einzelnen Gemeinden der Grafschaft Rixingen Vorhandene. Kehren wir nun zu der in den gräflichen Prozessschriften enthaltenen Behauptung zurück, welche die deutsche Sprache der Grafschaft hervorhebt, so zeigt sich, dass von den ihr zugehörigen Ortschaften Rixingen, Folkringen, sowie die weiter nördlich gelegenen Mörspurg und Gunderchingen unzweifelhaft deutsch redend waren. Sehr zweifelhaft dagegen dürfte die Nationalität der dann noch übrigen Avricourt und Moussey (Mütsch) sein. Der einzige in Avricourt genannte Flurname ist ein romanischer. Auch im Jahre 1596 begegnet er uns in der Form „le prey du Rosat au ban Davricourt" ⁴). Die in den deutschen Urkunden vorkommende Form „Rossâw" ist eine Germanisierung. — Dass die Verhandlungen mit Rixingen in deutscher Sprache aufgezeichnet wurden, ist auch ohne die Annahme deutscher Nationalität für Avricourt erklärlich: Rixingen war deutsch und gleichzeitig die bedeutendere der beiden Gemeinden sowie Hauptort der Grafschaft. Und dass man in dieser auf die deutsche Nationalität Gewicht legte, beweist die so oft in den Akten wiederkehrende Hervorhebung der deutschen Landessprache. Die deutsche Form des Ortsnamens beweist, da ihr eine französische gegenübersteht, nichts.

Bei Moussy ist nun die vorhandene deutsche Namensform ohne Zweifel lediglich eine Korruption der eingeborenen romanischen. Ausserdem weisen Flur- und Personennamen entschieden auf eine romanische Bevölkerung hin.

Fasst man den Wortlaut des rixingischen Artikels näher ins Auge, so zwingt auch dieser nicht zu der Annahme, dass einstmals jede einzelne der gräflichen Ortschaften rein deutsch gewesen sei. Eine 1602 angewandte Form „Verum . . quod comitatus Rixingen ante paucos annos lingua germanica usus sit" ⁵) lässt bei ihrer Allgemeinheit vielleicht keine weitergehende Deutung zu, als dass die deutsche Sprache zuvor gewissermassen die offizielle Sprache der Grafschaft gewesen sei. Und auch die bestimmtere weiter oben ⁶) mitgeteilte Fassung drückt sich so

---
¹) R. K.G., Nr. 376.
²) Ebd., Nr. 1472.
³) Ebd., Nr. 989.
⁴) N. A.D., H. 557.
⁵) R.K.G. Nr. 990.
⁶) Vgl. oben S. 459 [53].

vorsichtig aus („communiter aut sultem frequentius"), dass sie sich mit unserm Ergebnisse, nach welchem die Mehrzahl der Gemeinden allerdings deutsch und nur zwei, abgesehen von selbstverständlich vorhandenen deutschen Beimischungen, französisch redend waren, sehr wohl vereinigen lässt.

Richeval. Aus dem Jahre 1588 überlieferte Flurnamen zeigen einen ausgesprochen romanischen Charakter, wie z. B. „a la Charbonnier, le rux des trespassee, a la vigne, on Courat, a la blanche terre, on champs de lestant, on prey des molingnes, sur la vieuille chaussee, on dessus du Sauveux, on champs montant, on Pasquis, on Rozard" [1]).

Frackelfingen. 1238 „pratum .. quod vocatur vulgariter Stigelmate" [2]).

1550 werden als Zeugen aus dem Orte genannt „Krauden Hanns von Frechelfingen, Niclaus Zimmerman Clauix, Hanns Rolica, Clauden Thomas, Hanns Kolenbrenner, Hubert Klein Henszlin son" [3]).

Hattigny (Hüttingen). 1278 „super agro in Dieffborn" [4]). 1420 „im Sidterbach, in Wallermatten, Bornlachen" [5]).

1520 „ackher uff der Herden, uff der Krisselmatten, hinder Legge, an dem Mulgraben, an der Froheckh, an der Wurlickhbaum, zu dem Krumstuckh, bei dem shibeleten Bierbaum, in dem rode zu Streszlingen, neben der frauwen Driesch, uff Rudel, bey der Steinbrockhen, an der Wüestmatten, hinder der Rossel, bey dem Pitzpull, in Fiermarckhen, in Griblingen matten, Bornmatten, zu Fulborn, in dem Bryel, zu Bruckwinckhell, Pfulgarten" [6]).

Ausser diesen sind noch zahlreiche andere Güterkäufe im Gebiete von Hattigny in deutscher Sprache beurkundet. Und als im Jahre 1553 wegen Güterstreitigkeiten zwischen Hattigny und Blamont ausgedehnte Zeugenvernehmungen durch Beamte des Reichskammergerichts stattfanden, waren die Bewohner von Hattigny durchweg der deutschen Sprache mächtig, durch einen Dolmetsch hingegen mussten vernommen werden die Zeugen aus Blamont, Frémonville („Frembtingen"), Domèvre und der einzige Zeuge aus Richeval mit Namen Johann Lemassonet.

---

[1]) N.A.D., H. 629.
[2]) Ebd., H. 578.
[3]) R.K.G. Nr. 775.
[4]) Ebd., Nr. 775, Aktenband v. f. 60, Auszug aus alten Güterverzeichnissen der Pfarrei Hüttingen.
[5]) Ebd., f. 55.
[6]) Ebd., f. 51.

II. Deutsche Sprachinseln in Welsch-Lothringen.

Schon lange war es mein Bestreben gewesen, über die deutschnamigen Orte Welschlothringens Material zu erlangen, aus dem sich ein Schluss auf die Dauer der deutschen Nationalität und Sprache dortselbst ermöglichen liesse. Aber in deutschen Archiven war solches nicht zu finden. Ich konnte daher in meinen bisherigen Arbeiten diese Frage nur beiläufig berühren. Ueber einen Ort nur, Klein-Bessingen (Bézange-la-petite), stand mir einiges Material zur Verfügung, dessen Benutzung im Strassburger Bezirksarchiv mir die Verwaltung des Koblenzer Staatsarchivs in entgegenkommendster Weise ermöglicht hatte. Ich verarbeitete es in meiner Dissertation und kam zu dem Ergebnisse. dass das Deutschtum des Ortes sich wenigstens in einer Minderheit noch bis zur Wende des 15. und 16. Jahrhunderts erhalten habe.

Nachdem ich mich im Besitze der einschlägigen Materialien des Departementsarchivs zu Nancy befinde, kann ich dies Ergebnis nicht mehr aufrecht erhalten. Vor allem war es die Bezeichnung eines der Schöffen als „maire allemand", die mich zu der Vermutung verleitet hatte, es seien noch deutsche Reste in der örtlichen Bevölkerung vorhanden gewesen. Heute möchte ich einer anderen Erklärung den Vorzug geben: Die Abtei St. Maximin bei Trier war von alters her reich begütert in Klein-Bessingen; vielleicht war der „maire allemand" der Maier dieses Klosters im Orte. Und was das „trothusz" anbetrifft, so steht heute für mich fest, dass diese Bezeichnung nicht die ortsübliche war, sondern dass sie ihre Entstehung der deutschen Sprache der Urkunde verdankte[1]. Denn Flurnamen, welche im Jahre 1455 genannt, sind bereits sämtlich französisch, so „on Tuhonnat, desoubz Jourdainboix, on hault d'Awyrimont"[2]. 1461 wurden die Rechte des deutschen Klosters St. Maximin in Klein-Bessingen in französischer Sprache aufgezeichnet[3]. Streng lokale Urkunden in deutscher Sprache giebt es überhaupt nicht.

Zahlreichere Flurnamen sind aus dem Jahre 1537 erhalten; es

---

[1] Vgl. Diss. S. 65 ff.
[2] N. A.D., H. 363.
[3] Ebd., H. 698.

seien genannt: „pret dit le pret Willame, en Lannoy, on dict lieu Widehoux, le bois Woyel, dessuz le Salneux, aln mey Bateresse, en Saulcy, en Browaulboix, es Enseingnes, aln Solliere, au Poncel, devant Challmont, en Begenat, on hault des Forches, gerdin quondit ln Folie" [1]).

Wann das Deutschtum von Klein-Bessingen dem andringenden Romanentum erlegen ist, lässt sich auf Grund dieser Materialien allerdings nicht sagen; dazu reichen sie nicht weit genug zurück. Aber deutlich ist ohne Frage, dass um die Wende des 15. zum 16. Jahrhundert von nennenswerten Ueberbleibseln der ursprünglich deutschen Bevölkerung dieses Ortes keine Rede sein kann. Widehoux ist der einzige Name, der nicht französisch zu sein scheint. Sollte er vielleicht eine Korruption des in deutschen Gegenden vorkommenden „Wittumshufe" sein?

Südlich von Klein-Bessingen liegt die Ortschaft Bures, die — vgl. das deutsche Beuren — jedenfalls auch deutschen Ursprungs ist. Feststellen allerdings lässt sich in ihr eine deutsche Bevölkerung ebenso wenig wie im genannten Nachbarorte, denn die frühest genannten Flurnamen aus dem Jahre 1410 zeigen ein romanisches Gepräge, wie

„terre en Wallelande;
„ sus le champs d'Ariemont;
prey en la voie de Semihesange;
„ en Wernier prey condit le brey berte;
„ a la pointe des alnes au chiefz du ren des heurties" [2]).

Aehnlich 1565: „terre sur le Pasquis, sur le rond prey, au hault de Vaulmeprey, sur le Wignat, au hault d'Armont, prey aln Trancourt, au Cougnat, haye.. poirriere Gammeron, es Trobles [3]).

„Wallelande" ist der einzige Name, der möglichenfalls deutsch sein kann. Verbindungen mit — land sind zwar bei Flurnamen nicht häufig, kommen indessen doch hier und dort vor, so in elsässischen Orten, z. B. anno 1408 in Epfich „das Hyrschelant" [4]), 1380 in Berstett „zů Egedehsenlande" [5]), 1371 in Vessenheim „in dem Wasserlende" [6]).

Ein wie altbefestigtes Romanentum in dieser Gegend vorhanden ist, zeigt ein Blick auf das unmittelbar benachbarte Rechicourt-la-petite. 1283 wird erwähnt eine „piesse de preit que siet an la Goulate an la fin de Richiecourt" [7]).

1287 „terre en Martignonprey;
prey a leu qu'ondit a Saicherin" [8]).

Bezange-la-grande. 1420 „cheneviere.. seant on lieu quondit en Chievre rowe" [9]).

---

[1] N. A.D., H. 702.
[2] Ebd., H. 322.
[3] Ebd., H. 2971.
[4] Str. Bz.A., G. 4891, III, Fol. 9. v.
[5] Ebd., G. 4902, Fol. 332.
[6] Ebd., Fol. 319, v.
[7] N. A.D., H. 1245.
[8] Ebd., H. 1227.
[9] Ebd., H. 322.

1492 „on Pynat, apres le bois de Virely fontaine, en Pesoir, bois dez Awelz, on Champel, en Chievre rue" [1]).

1540 „n la Pesche, entre deux Lawes, en Laireux, es Pointes, au Pont, es Tahons, es Correttes, a la Fontenette, es Bourdelz, es Rayeux u. a. m. [2]).

In einem ausführlichen Güterverzeichnisse des Jahres 1602 findet sich dann unter lauter Namen, die den soeben genannten entsprechen, ein unzweifelhaft deutscher, dessen verschiedene Schreibungen angeführt sein mögen: „en Stainharde, Stainhaye, Steimharde, Steimhart, Steimhardy". Die Etymologie ist völlig klar; es handelt sich um eine Zusammensetzung von Stein und Hardt, das gerade in den benachbarten deutschen Gegenden überaus häufig in der Bedeutung von Wald auftritt.

Da nun ein so später germanisatorischer Einfluss bei der Lage dieses Ortes von vornherein ausgeschlossen ist, so bleibt als allein mögliche Annahme die Auffassung dieses Namens als eines Ueberbleibsels der einst allgemeinen deutschen Flurbenennung. Der Umstand, dass mir dieser Name in früheren Güterverzeichnissen dieses Ortes nicht begegnet ist, widerspricht einer solchen Annahme keineswegs, denn die früheren Flurnamennennungen sind nur auf wenige Namen beschränkt und ganz unvollständig. Das Verzeichnis von 1602 dagegen ist sehr ausführlich. In ihm sind auch genannt zwei Wiesen:

„prey on lieu qu'ondit au Woiez;
„ au lieu dict le Guoweiz" [3]),
in denen vielleicht das deutsche Wort Wiese erhalten ist.

Im übrigen ist das Ergebnis von dem der vorstehend behandelten Sprachinseln nicht verschieden. Schon das früheste aus dem 15. Jahrhundert überlieferte Material zeigt uns einen völlig romanischen Ort — die überlieferten Personennamen sind ausschliesslich französisch —, nur dass sich ein, vielleicht auch mehrere deutsche Flurnamen als Zeugen der einst herrschenden Sprache und Nationalität ins 17. Jahrhundert hinübergerettet haben.

Marbach (Marbache) bei Dieulouard, die entlegenste der deutschen Sprachinseln, hat das am weitesten zurückreichende Material.

1249 „nemus quod dicitur en Morinval et en Berten chesne et terram arabilem en Anchier faib" [4]).

1253 „Herbillons de Deulouwart" verkauft „tot ceu ke jaivoie a Marbage et en terres et en preiz et en boix fors lou boix com dit em Foilloit et em Barreboix en la voie de Saisirei" [4]).

1262 „peciam prati .. in finagio de Marbache in loco qui dicitur la Faigne" [4]).

1281 „les chans desai an Jescans chans delai le rui; prei desouz la Poiriere; an Jesconprei; an Jescan rui" [4]).

1281 „piesse an Baudein sanule, es Faiis, an Cureis; vigne an Roumeimont" [5]).

---

[1]) N. A.D. H. 321.
[2]) Ebd., H. 1225.
[3]) Ebd., H. 1070.
[4]) Ebd., H. 1142.
[5]) Ebd., H. 1143.

1285 „Domengins dis Lories de Marbaige" vertauscht ein Gut „on leu condist en lui Chieverue on ban de Marbaige" gegen ein „boix .. on leu con dist en Abournoive on ban de M." [1]).

1292 „Choudette" Witwe des „Sawin de Marbache" vertauscht „lor boix .. en Cureil, en Fays et en Boudain saule .. en ban de Marbache" gegen Grundstücke „sur la voie de moulin a la Parriere .. terre on Clois ... un noier a Chaufort" [1]).

1292 Verpachtung von Grundstücken „en Marieuchanp, en saint Martin prael, en Hestre au qwart, en longes roies, en la Milleire, suiz la Vanne, enson lou champ Brisson, enson lou champ la Tarate" [1]).

1297 „Richars clers filz Wauteron de Marbache" schenkt ein Stück „terre arrable .. om leu con dist en Lafferrierre om ban de Marbache" [2]).

Damit mag es genug sein. Spätere Materialien heranzuziehen lohnt sich nicht, denn schon das aus dem 13. Jahrhundert mitgeteilte beweist zur Genüge, dass von einer deutschen Bevölkerung auch in den bescheidensten Resten um jene Zeit keine Rede mehr sein kann. Von einer solchen ist ausser dem Namen des Ortes und dem des vorbeifliessenden Bächleins, das noch heute auf den Karten unter dem Namen „Ache" erscheint, in den zahlreichen Urkunden des 13. Jahrhunderts nicht die geringste Spur mehr zu entdecken.

Das Ergebnis ist also in seiner Gesamtheit ein negatives: in keiner der ihrem Namen nach als einstige deutsche Sprachinseln zu betrachtenden Siedelungen lässt sich auf Grund der Urkunden eine Zeit nachweisen, in der sie wirklich noch von einer deutsch redenden Bevölkerung bewohnt waren. In keiner lässt sich auch die Zeit des Verschwindens der deutschen Sprache nur annähernd angeben. Wir können nur ganz allgemein sagen, dass um die Zeit, aus der unsere ältesten Quellen über diese Ortschaften stammen, der Prozess der Romanisierung in ihnen bereits vollendet war. Aber wie lange vorher dieser Zustand schon bestanden hat, ohne dass die Quellen darüber berichten, wird kaum jemals genauer festgestellt werden können.

Ueberraschen kann dies Ergebnis keineswegs. Denn eine lange Dauer des Deutschtums war auf diesen verlorenen Posten völlig ausgeschlossen. Auch auf jetzt deutschem Boden sind nur in den allerältesten Urkunden des Mittelalters deutlichere Spuren einer ehemaligen romanischen Bevölkerung, die doch hier weit zahlreicher gewesen sein muss als die Germanen im romanischen Sprachgebiet, zu entdecken [3]). Wenn man daher wohl annehmen darf, dass im romanischen Sprachgebiete die Verwelschung der deutschen Sprachinseln eher durchgesetzt wurde als der entsprechende Vorgang auf deutschem Boden, so muss man jenen Prozess spätestens mit dem 10. Jahrhundert als abgeschlossen betrachten.

---

[1]) N. A.D., II. 1143.
[2]) Ebd., II. 1142.
[3]) Witte, Deutsche und Keltoromanen u. s. w., Kap. IV.

III. Frühester Rückgang im Gebiete der zusammenhängenden deutschen Siedelungen.

Die Romanisierung der als Sprachinseln über das französische Sprachgebiet zerstreuten deutschen Siedelungen war nicht der einzige Verlust, von dem das Deutschtum Lothringens im Mittelalter betroffen wurde. An anderer Stelle [1]) habe ich dargethan, dass die Völkerwanderung in Lothringen zunächst nur ein nationales Mischgebiet erzeugte, in dem indessen — abgesehen von den im vorigen Kapitel behandelten Sprachinseln — die deutschnamigen Siedelungen trotz eingesprengter romanischer Ueberbleibsel miteinander in Berührung standen. Eine wenn auch kleine Einbusse hatte auch dies Gebiet der zusammenhängenden deutschen Siedelungen, das in der Richtung von Nordwesten nach Südosten von einer die Orte Bergheim, Rosslingen, Maringen, Silvingen, Talingen, Hessingen, Northeim (Condé-Northen), Niederheim (Niederum), Dalheim, Obreck, Widelingen, Lascemborn einschliessenden Linie begrenzt wurde, zu erleiden.

Schon oben in der Materiliensammlung von Kap. I. war auf den auffallenden Unterschied zwischen dem linken und rechten Moselufer bezüglich der Gestaltung der nationalen Besitzverhältnisse in aller Kürze hingewiesen worden. Und schon ein flüchtiger Blick auf die mitgeteilten urkundlichen Belege — auf die ich mich hier und im folgenden beständig ohne direkten Verweis beziehe — kann darüber keinen Zweifel aufkommen lassen, dass auf dem linken Moselufer schon in früher Zeit ein Rückgang des Deutschtums stattgefunden hat, während sich dasselbe östlich der Mosel gleichzeitig und bis tief in die neuere Zeit hinein in kräftiger Blüte zu erhalten vermochte.

Welche Ursachen diese in Lothringen völlig vereinzelt dastehende Entwicklung herbeigeführt haben, soll zunächst unerörtert bleiben. Darüber wird sich mit grösserer Sicherheit urteilen lassen, nachdem wir uns vergegenwärtigt haben, was wir aus den urkundlichen Materialien über diesen Vorgang entnehmen können. Der nationale Rückgang beschränkt sich auf die Orte Rosslingen, Rombach, Silvingen und Maringen.

---

[1]) Witte. Deutsche und Keltoromanen, Kap. IV.

Im Gebiete von Rosslingen zeigen sich schon in den ersten Urkunden, die wir mitteilen konnten, also im ausgehenden 13. Jahrhundert, französische Flurnamen, wie z. B. Plantiere, Chievrehaye, Bravigne. Unter den vorhandenen Flurnamen ist nur noch ein einziger enthalten, der bestimmt der deutschen Sprache angehört: „la Heide" (zuerst genannt 1290). Wahrscheinlich deutsch ist auch das 1501 genannte „desoub la Holle", das mir in Ortschaften des französischen Sprachgebietes niemals begegnet ist. Und vielleicht ist die „rue du Sacque" (genannt 1485) entstanden durch Uebersetzung aus dem in deutschen Orten sehr beliebten Strassennamen „Sackgasse".

Unter den Personennamen ist nichts auf deutsche Nationalität Hindeutendes zu finden. — Die Urkunden des 13. Jahrhunderts lassen den Ort schon als vollständig romanisiert erscheinen. Und die geringen Spuren deutscher Benennungen berechtigen zu der Annahme, dass damals die Romanisierung schon seit Jahrhunderten, sicher schon im 10. Jahrhundert, vollendet war. —

Das etwas weiter abwärts an der Orne gelegene Rombach zeigt in den mir zu Gesicht gekommenen ausschliesslich französischen Urkunden niemals diese Namensform. In ihnen wechseln die Schreibungen Romebaiz (1252), Rombars (1307), Romebair (1308), Rombar (1312), Rombay (1400). Auf diese Thatsache stützt sich die von französischer Seite aufgestellte Behauptung, dieser Ort habe früher niemals Rombach geheissen, das letzte Glied seines Namens sei das keltische bar, das wir noch heute in dem elsässischen Ortsnamen Barr und dem französischen Bar-le-Duc, Bar-sur-Aube u. s. w. erhalten finden; der Ort sei daher nicht germanischen, sondern kelto-romanischen Ursprungs.

Nun kommt aber das keltische bar im Lothringischen niemals in zweistämmigen Zusammensetzungen im letzten Gliede vor. Und schon dadurch gewinnt die Annahme, dass es sich hier lediglich um Korruption einer deutschen Form handelt, eine gewisse Wahrscheinlichkeit. Einer solchen Korruption kann nur das deutsche -bach zu Grunde gelegen haben, denn der Uebergang des gutturalen ch zum r ist ein ganz unmerklicher; beide Laute werden auch heute in der Umgangssprache nicht streng auseinander gehalten. Auch die Form Romebaiz würde nicht gegen ein ursprüngliches Rombach sprechen, denn -bach ist im französischen Sprachgebiete häufiger nach dieser Richtung gewandelt worden. Ich erinnere nur an die verschiedenen im Vogesengebiete vorkommenden Orte Urbeis = Urbach. Der Uebergang von a zu ai endlich ist in lothringischen Urkunden eine ganz alltägliche Erscheinung.

Dass wir es thatsächlich mit einem Orte deutschen Ursprungs zu thun haben, darüber lassen die Flurnamen keinen Zweifel mehr bestehen; denn an die Germanisierung eines ursprünglich romanischen Ortes ist in diesem Gebiete des frühesten Rückganges der deutschen Nationalität doch wohl kaum zu denken. In Bezug auf die Flurbenennung ist Rombach von dem benachbarten aber durch seine vorgeschobene Lage viel exponierteren Rosslingen durchaus verschieden. Unter den wenigen aus dem 14. Jahrhundert erhaltenen finden sich sehr interessante und seltene Formen. So „en Winestre" (1308), das jedenfalls mit mhd. winster, winister = links zusammenhängt. „Stennehot"

(1312) ist verderbt aus einem Kompositum von Stein oder steinig im ersten Gliede und hot == Altwasser im zweiten. Die Lage Rombachs an einem Flusse bestätigt diese Etymologie. Auch sonst kommt hot im Lothringischen als Flurname vor, so in Walderchingen ao. 1466 „in der Hoden" [1]). „La loque" (1386) ist korrumpiert aus dem deutschen Lache. Und auch dem 1400 mitgeteilten Waldnamen Nissehal ist der deutsche Stempel deutlich genug aufgedrückt. — Namen wie die soeben mitgeteilten kommen im französischen Sprachgebiete nirgends vor.

Zu den also noch recht beachtenswerten Resten deutscher Flurbenennungen findet sich auf dem Gebiete der Personen- bezw. Familiennamen kein Analogon. Diese scheinen im 14. Jahrhundert schon vollständig französisch gewesen zu sein. Während indessen bei Rosslingen die Romanisierung mit Sicherheit als im 10. Jahrhundert abgeschlossen betrachtet werden darf, scheint bei Rombach die Möglichkeit einer Verwälschung vor dem 12. Jahrhundert ausgeschlossen. Eine genauere Feststellung der Zeit ermöglicht die Dürftigkeit des urkundlichen Materials nicht. Nur das lassen die im Vergleich zu Rosslingen auffallend lebendigen deutschen Formen erkennen, dass der nationale Wandel hier beträchtlich später eingetreten sein muss.

Die Quellen für Maringen und Silvingen bleiben leider hinsichtlich ihres Wertes weit hinter den soeben benutzten zurück. Denn während wir uns bei Rosslingen und Rombach auf lokale Urkundungen stützen konnten, sind wir nunmehr fast ausschliesslich auf Metzer Amansurkunden angewiesen. Und in welchem Masse man in ihnen die in Metz unverstandenen deutschen Flurnamen verderbt hat, ist schon oben betont worden.

Der unter Silvingen an erster Stelle genannte Waldname kann den Metzer Urkunden zufolge Diupel, Dinpel, Durpelz, Driupel oder Drinpel lauten. Bei so schwankender Form ist es ein Wagnis, Etymologie zu treiben. Es könnte vielleicht das deutsche „Tümpel" zu Grunde gelegen haben. Aber das ist nur eine Vermutung, die sich durch nichts wahrscheinlich machen lässt. Jedenfalls aber findet sich unter Tausenden von Flurnamen, die ich in Ortschaften Welschlothringens gesammelt habe, nichts Aehnliches. Und daraus dürfte man vielleicht folgern, dass es sich um die Korruption einer deutschen Form handelt.

Deutlicher ist der deutsche Stempel erkennbar bei einigen aus Verdun überlieferten Waldnamen dieses Ortes: „Widanselle, Hemerot und Coulanges" (1400). Von ihnen kommt der erste auch auf elsässischem also reindeutschem Boden in der Form „Widensolen" ebenfalls als Waldname vor. Hemerot hat in einer Amansurkunde die Form „Heremerat (1401); es ist jedenfalls aus dem deutschen -rode gebildet. Und Coulanges liegt eine deutsche Form auf -ingen zu Grunde.

So haben wir in Silvingen doch noch sicher erkennbare Reste deutscher Flurbenennungen um die Wende des 14. zum 15. Jahrhundert, nachdem die Romanisierung ohne Zweifel schon seit langer Zeit vollzogen war.

Wenn die reicheren Materialien des benachbarten Maringen schon

---

[1]) M. Bez.A., Cheltenham Nr. 3457, S. 48, v.

im 13. Jahrhundert französische Flurnamen aufweisen, so kann man ein Gleiches wohl für Silvingen annehmen: die Lage beider Orte zu einander berechtigt zu dem Schlusse, dass ihre Romanisierung ziemlich gleichzeitig stattgefunden haben muss. Auch in Maringen haben sich trotz der frühen Verwälschung einzelne deutsche Namen recht lange erhalten. Dahin gehört vielleicht der Waldname „Vest" (1298), sicher „Erpanges" (1355) und „Hayde" (1461 und 1586), wahrscheinlich der Waldname „Malbehoult" (1461), „Malvehoult" (1586), dem eine deutsche Form „Malvenholz" zu Grunde liegen dürfte. Sehr auffallend ist auch der Gewannname „Macquebucque" (1461) unter Formen wie Chanoit, Roche, Teulatte, von denen er sich entschieden abhebt. Vielleicht ist auch er aus deutscher Wurzel entsprossen.

Bei allen vier Orten also im wesentlichen die gleichen Erscheinungen. Wo die Urkunden so weit zurückreichen, finden sich schon im 13. Jahrhundert französische Flurnamen. Und diese zeigen zum Teil Formen, welche die Annahme nicht aufkommen lassen, dass sie lediglich der französischen Urkundensprache ihr Dasein verdankten. Das urkundliche Material gestattet keinen Zweifel darüber, dass in diesen ursprünglich deutschen Orten schon im 13. Jahrhundert eine fest eingebürgerte französische Flurbenennung besteht, die man mit Sicherheit als das Erzeugnis einer schon seit Jahrhunderten abgeschlossenen Romanisierung betrachten darf.

Auf Rosslingen, Maringen und Silvingen trifft dies entschieden zu. In ihnen allen darf man die Romanisierung als im 10. Jahrhundert abgeschlossen annehmen. Einzig und allein Rombach nimmt eine etwas abweichende Stellung ein. Erst in der zweiten Linie hinter den genannten Ortschaften gelegen und durch diese geschützt, konnte es noch im 14. Jahrhundert verhältnismässig zahlreiche und gut erhaltene Reste seiner deutschen Flurbenennung aufweisen, so dass man auf eine längere Dauer der deutschen Nationalität in diesem Orte schliessen darf.

Ist es unter solchen Umständen wahrscheinlich, dass diese vier Orte überhaupt jemals dem deutschen Sprachgebiete angehört haben? — Zum Gebiete der zusammenhängenden deutschen Siedelungen müssen sie jedenfalls gerechnet werden, denn es findet noch eine gegenseitige Berührung zwischen ihnen untereinander und mit den weiterhin nordöstlich gelegenen deutschen Orten statt. Nirgends ist die Verbindung völlig unterbrochen durch dazwischengeschobene kelto-romanische Siedelungen, mag sie auch hier und dort bedeutend erschwert sein.

So finden sich im Bereiche der genannten deutschen Siedelungen Vitry unterhalb Rombach an der Orne, noch weiter unterhalb Amnéville, Gandringen gegenüber, Villers und Pierrevillers, zwischen Rombach und Maringen. Die erste Bedingung der Zugehörigkeit zum geschlossenen deutschen Sprachgebiete wäre die Germanisierung dieser eingeschobenen Ortschaften romanischen Ursprungs gewesen. Wäre diese erreicht worden, so hätte der dadurch geschaffene national einheitliche Komplex, dessen Ortschaften dann nicht mehr im Rücken durch ein noch lebendiges Romanentum bedroht waren, wohl länger seine nationale Eigenart zu behaupten vermocht.

Aber dass hier die Germanisierung der eingesprengten romanischen

Elemente jemals gelungen sei, dafür bieten die Urkunden keinen Anhaltspunkt. In Pierrevillers wenigstens zeigen die seit der Mitte des 13. Jahrhunderts genannten Flurnamen einen entschieden romanischen Charakter. Nur eine einzige deutsche Form kommt vor: „en Wincquelz" (1557), das als Flurname sehr häufig angewandte deutsche „Winkel". Aber da bei sehr reichhaltigen früheren Flurnamenverzeichnissen nicht das Geringste auf eine einmal vorhandene deutsch redende Ortsbevölkerung hinweist, so kann dieser Name nicht ohne weiteres als der Rest einer einst allgemeineren deutschen Flurbenennung aufgefasst werden. — Läge Pierrevillers weiter abseits ohne Zusammenhang mit deutschnamigen Ortschaften, so wäre der einzelne deutsche Flurname allerdings beweisend für einstige deutsche Nationalität des Ortes. Aber die unmittelbare Berührung, in der er mit deutschen Orten steht, und das völlige Fehlen deutscher Formen in früherer Zeit macht es wahrscheinlich, dass der Flurname der deutschen Nachbarschaft entstammt.

Aus Villers bei Rombach sind nur drei Flurnamen aus dem Jahre 1248 überliefert, sämtlich von durchaus romanischem Charakter, im schroffen Gegensatz zu dem unmittelbar benachbarten Rombach, wo deutsche Formen noch im Anfange des 14. Jahrhunderts entschieden im Vordergrunde stehen. Und während in dem von einem Metzer Aman aufgezeichneten Grundbesitz der „eritage de Gandelange" (Gandringen) vom Jahre 1295 sich die zuerst also aus dem Gebiete von Gandringen selber genannten Flurnamen bis auf einen einzigen mit Leichtigkeit als verstümmelte deutsche Formen erkennen lassen, treten sogleich mit dem Uebergange nach Amnéville („Amereyville") und Vitry („Vallange") die romanischen Flurnamen alleinherrschend auf, und zwar in so charakteristischen Formen, dass sie nicht als Schöpfungen der französischen Urkundensprache aufgefasst werden können.

Also in Summa: eine Germanisierung lässt sich in diesem Gebiete nicht konstatieren, wohl aber die Romanisierung der genannten vier Ortschaften. Und diese wurde so früh vollzogen, dass an eine voraufgegangene Germanisierung der eingesprengten romanischen Ortschaften schon deswegen kaum gedacht werden kann. Wenn sich in diesen trotz alter Flurnamenaufzeichnungen keine beweiskräftigen deutschen Formen finden lassen, so liegt dies nicht etwa daran, dass sie schon wieder romanisiert waren. Dies hätte bei ihrer Lage sicher nicht früher geschehen können als in den weit exponierteren Rosslingen, Maringen und Silvingen. Waren sie also einmal deutsch, so müsste sich dies in ihrer Flurbenennung mindestens in demselben Masse wie in den genannten Nachbarorten erkennen lassen.

Daraus, dass dies nicht der Fall ist, ergiebt sich, dass Villers, Pierrevillers, Vitry, Amnéville ihre romanische Nationalität bewahrten; und nur dadurch, dass sie sich dauernd als trennende Elemente inmitten Rombach, Rosslingen, Silvingen und Maringen zu behaupten vermochten, konnten diese Orte so früh romanisiert werden.

Ueberhaupt hat es das Deutschtum des linken Moselufers nicht zu einer solchen Konzentration zu bringen vermocht wie das des Ostens. Die eingemischten romanischen Elemente treten weit deutlicher hervor:

das oben angeführte Villerupt, sowie Belvaux und Clairvaux (Clerf) in Luxemburg sind echt französische Namen, die sich schon im frühen Mittelalter im Bereiche der deutschen Siedelungen finden. Hierher gehört auch das allerdings östlich der Mosel in der Rheinprovinz gelegene Moncler.

Es lassen sich daher in diesem weit vorgeschobenen Gebiete deutscher Siedelungen nicht so scharfe Grenzlinien ziehen wie rechts der Mosel, wo in den deutschnamigen Orten noch überall die ursprüngliche Nationalität sich in lebendiger Frische erhalten hat und sich durch die von ihr geschaffenen Flurnamen schroff und mit in die Augen springender Deutlichkeit von der romanischen Nachbarschaft abhebt. Auf dem linken Ufer hingegen und besonders in dem jetzt behandelten südlichen Vorsprung des deutschen Siedelungsgebietes habe ich nirgends nebeneinander gelegene Orte gefunden, in deren einem die Flurbenennung ausschliesslich deutsch, im andern ebenso ungemischt französisch gewesen wäre. Gegensätze, die so unvermittelt nebeneinander stehen, finden sich hier nicht; der allmähliche Uebergang herrscht vor.

Man hat hier nicht den Eindruck, es mit kompakten deutschen Massen zu thun zu haben. Die zwischen die deutschen Siedelungen eingeschobenen romanischen Niederlassungen, denen es nicht nur gelang, ihre Nationalität zu behaupten, sondern die auch romanisatorisch auf ihre germanische Nachbarschaft einwirkten, kennzeichnen diesen Posten des Deutschtums als einen verlorenen.

Wie gross die Zersplitterung der deutschen Siedelungen hier war, zeigt sich im vollen Umfange erst, wenn man ihre Aussenposten mit heranzieht. Oben (in Abschn. I.) war schon die Rede von Bronvaux. Ob dieser Ort deutschen Ursprungs ist, die Frage zu entscheiden, reicht das mangelhafte Beweismaterial nicht aus. Das einzige auf germanischen Ursprung Hindeutende ist die oben mitgeteilte deutsche Namensform. Und diese bietet an und für sich nicht einmal eine Wahrscheinlichkeit für deutsche Entstehung; sind doch an der Sprachgrenze mehrfach Orte vorhanden, die, einen deutschen und einen französischen Namen nebeneinander führend, auf keinen Fall auf deutschen Ursprung zurückgeführt werden können. Nur der Umstand fällt zu Gunsten der deutschen Entstehung von Bronvaux ins Gewicht, dass sein deutscher Name aus dem romanischen Metz überliefert ist, wo man doch sonst alles andere als Sorgfalt in der Erhaltung und getreuen Ueberlieferung deutscher Namen zeigte. Wenn die Form „Büchfelt" nicht im 12. Jahrhundert noch eine auf örtliche Anwendung gegründete Bedeutung gehabt hätte, so würde sie sich in Metz kaum zur Geltung haben bringen können. So ist es doch immerhin eine gewisse Wahrscheinlichkeit, mit der man Bronvaux der deutschen Seite zuweisen könnte; von einer Gewissheit sind wir aber noch weit entfernt. —

Was bei Bronvaux nur mit Vorbehalt als eine Möglichkeit bezeichnet werden kann, lässt sich hinsichtlich Leirs gar nicht bestreiten. Dieser jetzt verschwundene Ort, der im heutigen Gemeindebezirk von Maizières bei Metz gelegen haben muss, ist sicher einmal deutsch gewesen und ohne Frage eine deutsche Gründung.

Dass sein nur in französischen Urkunden und daher in verderbter

Form überlieferter Name auf das deutsche Lare zurückgeht, ist oben schon wahrscheinlich gemacht worden. Noch heute findet sich in nächster Nähe an der Stelle, wo Leirs einst gelegen haben muss, ein Weiler mit Namen Amelange. Noch heute also ein Name, der auf ehemalige germanische Siedelung mit aller Bestimmtheit hindeutet!

Wo sich so lange inmitten romanischer Siedelungen deutliche Spuren einer einstigen deutschen Bevölkerung erhalten haben, darf man wohl hoffen, in älteren Urkunden Beweise für das Dasein einer solchen zu finden. Und in der That, das ausführliche Güterverzeichnis von Leirs aus dem Jahre 1363 enthält solche. In ihm ist die Rede von einem „journault en Duedange" und von einem Acker „sus Ydelange", beides unzweifelhaft deutsche Formen, ursprünglich auf -ingen endigend. Weiter wird erwähnt ein Grundstück „deilay Remacre . . . decoste le boix d'Amelange", also ein Kompositum gebildet mit dem deutschen -acker.

Vielleicht wäre es möglich, noch einen oder den anderen von den oben (in Abschn. I.) mitgeteilten Flurnamen als Korruptionsbildungen auf deutscher Grundlage nachzuweisen. Aber wenn man schon unter gewöhnlichen Umständen mit Etymologieen sehr vorsichtig verfahren muss, so ist es zu empfehlen, sie bei Flurnamen, abgesehen von ganz klaren Fällen, möglichst aus dem Spiel zu lassen: die Orthographie von unzweifelhaft romanischen Flurnamen ist in französischen Urkunden des 13. und 14. Jahrhunderts schon eine sehr schwankende, so dass man oft nur durch mühsames Vergleichen die Grundform und damit die Etymologie zu gewinnen vermag. Handelt es sich aber gar um deutsche Flurnamen, oder wie in unserem Falle, um selbst in den bereits romanisierten Orten ihrer Entstehung nur noch vorhandene Korruptionen ehemals deutscher Formen, und diese dann mitgeteilt in den Urkunden Metzer Amans, die die ihnen unverständlichen Formen sicherlich nicht durch eine angemessene Schreibung unserem Verständnisse näher gebracht haben, so schwindet jeder feste Boden zur Anwendung etymologischer Künste. — Ich habe deswegen grundsätzlich auf Etymologie verzichtet und es vorgezogen, mich auf die Vergleichung mit dem Flurnamenbestande anderer Orte von unumstrittener Nationalität zu stützen. Dies vergleichende Verfahren ist bequem anzuwenden, illustriert gut und hat eine weit überzeugendere Kraft als das Operieren mit Etymologieen. —

Auffallend ist es jedoch und darf nicht unerwähnt bleiben, dass im Gebiete von Leirs Flurnamen vorkommen, wie ich sie in rein französischen Gegenden nicht gefunden habe. Ich erwähne „en Restain, en Fairt, en Verrewide, en Briderit, Sitrop" (auch Sitroppe, Sitracque, Sitrat, Citras, Cytrait, sonst nur noch im Banne von Maizières, und dort jedenfalls durch Vermittelung von Leirs). Handelt es sich hier um ursprünglich deutsche Flurnamen, die durch die Romanisierung des Ortes und durch ihre Aufzeichnung in Metz nur in einer bis zur Unkenntlichkeit verderbten Form auf uns gekommen sind? — Das mögen Berufenere entscheiden. Für uns genügt es, dass einige unzweifelhaft deutsche Formen in Leirs festgestellt werden konnten. Durch sie ist die ehemalige deutsche Nationalität dieses Ortes hinreichend erhärtet.

Ob noch drei oder vier weitere Flurnamen auf deutscher Grundlage beruhen; die Bejahung dieser Frage kann zu dem ohnehin gewonnenen Ergebnisse nichts mehr hinzufügen, ihre Verneinung es nicht mindern. Ihre Beantwortung hat daher kein historisches, sondern lediglich ein philologisches Interesse.

Im übrigen sind die Flurnamen von Leirs im Jahre 1363 durchaus romanisch und lassen keinen Zweifel darüber, dass die Romanisierung dieses Ortes bereits seit längerer Zeit vollendet war. Wie lange? Das ist hier schwerer zu entscheiden als an anderen Orten. Ein Blick auf die oben mitgeteilten Personennamen lässt die überraschende Thatsache erkennen, dass sich unter ihnen ein erheblicher Teil deutscher befindet: Nille Remant (aus -mann wird in den französischen Urkunden dieser Gegend fast regelmässig -mant oder -ment), Thiellemant Paitair (Thielemann Peter), Philippin Xaving (?). Und diese deutschen Formen unter einer ganz geringen Anzahl überhaupt genannter Personennamen!

Wie ist das zu erklären? — In Rosslingen, Silvingen und Maringen, die untereinander und weiterhin mit den nach Norden zu sich anschliessenden deutschen Ortschaften doch wenigstens noch einigen Zusammenhang hatten, sind um dieselbe Zeit keine deutschen Familiennamen zu entdecken. — Und in Leirs, das auf keiner Seite in Zusammenhang mit dem deutschen Siedelungsgebiete, durch die altromanischen Ortschaften Maizières und Fèves von demselben abgeschnitten war, sollten sich solche erhalten haben! Mit der Erhaltung von Flurnamen lässt sich dies gar nicht vergleichen, denn diese konnten trotz einer vor Jahrhunderten schon vollendeten Romanisierung sich in einzelnen mehr oder weniger verderbten Formen erhalten haben. Aber die Familiennamen? — Vor Jahrhunderten waren solche überhaupt noch nicht vorhanden! Waren also diese Familiennamen an Ort und Stelle entstanden, so musste noch im 13. Jahrhundert in Leirs eine deutsch redende Bevölkerung vorhanden gewesen sein, die, wenn auch nicht ausschliesslich im Orte herrschend, doch so stark und noch so wenig vom Romanentum überwuchert gedacht werden muss, dass sie in nationaler Namengebung noch ihre Produktivität bethätigen konnte. Die Romanisierung des Ortes dürfte daher vor dem Ende des 13. Jahrhunderts auf keinen Fall als abgeschlossen angesetzt werden.

Oder aber, sind die deutschen Familiennamen durch Einwanderung nach Leirs übertragen worden? — Fand in dieser Gegend ein Vorwärtsschieben deutscher Elemente in das romanische Gebiet hinüber statt, warum zeigen sich dann nicht ähnliche Erscheinungen in den Nachbarorten? Auf dem linken Moselufer ist von einem solchen Vorgange im übrigen keine Spur zu entdecken. So isoliert pflegen derartige Bevölkerungsbewegungen nicht vor sich zu gehen.

Vielleicht bieten die gleichzeitigen Vorgänge auf dem rechten Moselufer (vgl. Abschn. V.) eine Erklärung für diese eigenartige Erscheinung. Bei den regen Beziehungen, in denen hier die an beiden Seiten dieses leicht zu überschreitenden Flusses gelegenen Ortschaften zu einander standen, ist es nicht ausgeschlossen, dass das am rechten Ufer deutlich erkennbare Vordringen des deutschen Volkstums an dieser Stelle auf die linke Seite hinübergegriffen hat. In dem Falle würden also die deutschen Familiennamen in Leirs einer Einwanderung von jenseits der Mosel entstammen. Auf eine solche deuten auch die deutschen Flurnamen hin, die Schiber [1]) auf Grund moderner Kataster aus dem Gebiete des nördlicher gelegenen Hauconcourt mitgeteilt hat. Es wäre nicht unmöglich, dass dieser Ort etwa gleichzeitig mit dem benachbarten Ennery germanisiert wurde. Aber das ist lediglich eine Vermutung, die zwar einen ziemlich hohen Grad von Wahrscheinlichkeit hat, für die ich jedoch den Beweis nicht zu erbringen vermag, da ich für diesen Ort durchaus kein historisches Material habe auffinden können.

Mit Leirs und Amelange sind die südlichsten Punkte der deutschen Siedelungen auf dem linken Moselufer erreicht. Bis zu einer Entfernung von 7—8 Kilometern hatte das Deutschtum seine äussersten Posten an Metz herangeschoben. Aber diese verhältnismässig weite Ausdehnung des Deutschtums, die diejenige des rechten Moselufers weit hinter sich liess — am rechten Ufer ist Rörchingen die südlichste Siedelung deutschen Ursprungs — konnte nur erreicht werden durch eine verhängnisvolle Zersplitterung. Und sie war nur von sehr vorübergehender Dauer, denn nur zu bald fielen die südlichsten zerstreutesten Ausläufer des deutschen Siedelungsgebietes der Verwelschung anheim.

Es war nicht nur die zerstreute Art der Ansiedelung, durchsetzt von romanischen Elementen, welche dies Ergebnis herbeigeführt hat. Unverkennbar hat dabei auch die Konfiguration des Bodens mitgewirkt: Rombach und Rosslingen liegen an der Orne, Maringen und Silvingen dagegen jenseits der Wasserscheide zwischen dieser und der Mosel. Damit war für beide Gruppen die Richtung, in der sich ihr Verkehr halten musste, gegeben. Diese Richtungen mussten naturgemäss divergieren. Die im Ornethal gelegene Gruppe gravitierte nach Briey, ihre Schicksalsgenossen im Moselgebiet nach Metz.

Noch heute befinden sich ausgedehnte und dichte Waldungen auf den Höhen, welche die Wasserscheide zwischen Mosel und Orne darstellen. Im Mittelalter waren sie sicher ein merkliches Verkehrshindernis oder trugen doch auf keinen Fall dazu bei, die Beziehungen zwischen diesen beiden Gruppen deutscher Siedelungen reger zu gestalten, die schon ohnehin bei den divergierenden Verkehrsrichtungen dürftig genug gewesen sein müssen.

So war es nicht einmal möglich, dass beide Gruppen im Kampfe um die Behauptung ihrer Nationalität eine Stütze aneinander fanden. Sie mussten ihn getrennt führen und wurden getrennt geschlagen. Maringen und Silvingen befinden sich thatsächlich in der Lage von Sprachinseln. Während Rosslingen und Rombach noch an dem Deutschtum des Ornethales eine gewisse Anlehnung finden konnten, waren Maringen und Silvingen auf sich allein angewiesen. Das einzige beiden Gruppen Gemeinsame war, dass die Verkehrsmittelpunkte (Metz und Briey), zu deren Hinterland sie gezählt werden müssen, beide der fran-

---

[1]) Schiber, Die fränkischen und alemannischen Siedelungen in Gallien, besonders in Elsass und Lothringen. Strassburg 1894, S. 103.

zösischen Nationalität angehörten. Und auch dies musste beschleunigend auf die Romanisierung einwirken. Dass die von Leirs und Amelange gebildete Sprachinsel ihre deutsche Nationalität nicht auf die Dauer zu behaupten vermochte, bedarf keiner Erklärung. Dass aber auch deutsche Siedelungen, die doch immer noch in einem losen Zusammenhang mit dem sich herausbildenden geschlossenen deutschen Sprachgebiete standen, in so früher Zeit romanisiert werden konnten, auch das kann nach dem Mitgeteilten, so vereinzelt es sonst in Lothringen dasteht, nicht überraschen. Im Gemenge gelegen mit romanischen Siedelungen, so weit vorgeschoben, dass die im Norden weit zurückliegenden dichteren deutschen Siedelungen kaum noch Rückhalt und Anlehnung gewähren konnten, untereinander getrennt durch die Richtung des Verkehrs und die politische Zugehörigkeit, konnten sie den dauernden und starken romanisatorischen Einflüssen, die von allen Seiten auf sie einwirkten, nichts entgegensetzen als ihre eigene, noch dazu getrennte Kraft, die in einem so ungleichen Kampfe sich bald genug erschöpfen musste. So wurden sie denn überwältigt als einzelne vorgeschobene Posten des Deutschtums, als Wellenbrecher in der romanischen Brandung, ohne jemals dem deutschen Sprachgebiete angehört zu haben.

IV. Entstehung der frühesten deutsch-französischen Sprachgrenze.

Einen Rückgang des deutschen Sprachgebietes kann man also die im vorigen Abschnitte dargestellten Verluste nicht nennen. Es waren zwar unmittelbar an das Gebiet der zusammenhängenden deutschen Siedelungen angeschlossene Ortschaften, die hier der Verwelschung anheimfielen. Aber keilartig in das Gebiet romanischer Zunge hineinragend und in ihrem Zusammenhange mit den dichter gelegenen deutschen Siedelungen durch dazwischen geschobene romanische Ortschaften gestört, konnten sie ihr Deutschtum nicht dauernd aufrecht erhalten, zumal eine wirksame Unterstützung durch Zuzug aus der deutschen Nachbarschaft ausgeschlossen war, solange diese selber noch durch die Assimilation des in ihrem Bereiche zurückgebliebenen Romanentums in Anspruch genommen war.

Zur Zeit, als Rosslingen, Maringen und Silvingen der deutschen Sprache und Nationalität verloren gingen, hatte sich eben noch kein rein deutsches Sprachgebiet am linken Rheinufer herausgebildet. Noch immer behaupteten sich keltoromanische Reste inmitten der deutschen Niederlassungen, und während diese allmählich von ihrer deutschen Umgebung aufgesogen wurden, kam im Gebiete des überwiegenden Romanentums der entgegengesetzte Prozess zum Abschlusse: hier wurden die zu weit vorgeschobenen, versprengten deutschen Niederlassungen von dem sie umgebenden Romanismus überwältigt.

Dahin kann man auch die Romanisierung obiger Orte rechnen. Denn weit vorspringend in das romanische Gebiet, nicht nur umgeben, sondern auch durchsetzt von romanischen Elementen und nur noch in einem ganz lockeren Zusammenhange mit den dichter gesäeten deutschen Gemeinwesen, waren sie zwar nicht wie Marbach, Grossbossingen versprengte, aber doch sehr weit vorgeschobene und darum verlorene Posten.

Dem Romanentum war keine so schwierige Aufgabe der Assimilation gestellt wie den germanischen Nachbarn. Die Ueberwältigung der über das weite Gallien zerstreuten germanischen Volkssplitter, die durch ihre Verteilung über ein im Verhältnis zu ihrer Zahl viel zu ausgedehntes Gebiet von vornherein jede nationale Widerstandsfähigkeit verlieren mussten, und die nur hier und dort in kompakte Massen zusammengeballt eigene Siedelungen mit germanischen Namen geschaffen haben, konnte keine nennenswerten Schwierigkeiten bereiten.

Daher sind denn auch Spuren ehemaliger deutscher Siedelungen in Frankreich in so geringer Zahl erhalten. Zwar lassen sich germanische Ortsnamen mit Hilfe der Urkunden noch verhältnismässig häufig auf französischem Boden feststellen. Sie haben sich im allgemeinen sehr zähe erhalten. Und wenn man sieht, dass sich in Welschlothringen mit archivalischen Hilfsmitteln kaum mehr deutsche Ortnamen ermitteln lassen, als man noch heute auf Grund moderner Karten und Ortsverzeichnisse festzustellen vermag — abgesehen von einigen abgegangenen Orten deutschen Namens —, so wird man zu der Annahme berechtigt sein, dass ein Verschwinden deutscher Ortsnamen in grossem Massstabe auch in früherer Zeit auf gallischem Boden nicht stattgefunden hat, dass die Zahl der deutschnamigen Orte nicht erheblich grösser war als die Summe derer, die man heute noch unter Benutzung sämtlicher Hilfsmittel ausfindig machen kann.

So giebt es also immer noch genug untrügliche Zeichen germanischer Niederlassungen auf dem Boden des heutigen Frankreich. Aber wie lange in ihnen das Deutschtum gedauert hat, konnte auch bei den ehemaligen deutschen Sprachinseln nahe der Sprachgrenze nicht mehr festgestellt werden. Ueberall waren die deutschen Flurnamen bis auf einzelne kümmerliche Reste verschwunden, und man konnte nur zu dem allgemeinen Ergebnisse kommen, dass der Wechsel der Nationalität schon in sehr früher Zeit, Jahrhunderte vor der Entstehungszeit unserer urkundlichen Materialien vollzogen sein musste.

Auf jetzt deutschem Boden war die Arbeit der Assimilation eine viel schwierigere. Und daher fiel ihre Vollendung in eine weit spätere Zeit. Ich habe schon früher darauf hingewiesen, dass im unteren Moselgebiet kompaktere Massen keltoromanischer Bevölkerung sitzen geblieben sein müssen, die von ihrer Existenz noch im 9. und 10. Jahrhundert durch verhältnismässig zahlreiche romanische Flurnamen Zeugnis ablegen (Deutsche und Keltoromanen S. 60 und 81). Und auch Schiber ist neuerdings auf anderem Wege zu dem Ergebnisse gelangt, dass zur Zeit, als Lothringen, Luxemburg und Belgien schon mit zahlreichen deutschen Siedelungen besetzt waren, im Rücken dieser germanischen Kolonieen, in den Gebirgsgegenden des Hunsrück und der Eifel, eine verhältnismässig wenig gestörte romanische Bevölkerung vorhanden war [1]).

Die Germanisierung so erheblicher romanischer Ueberbleibsel, zumal in einem Gebiete, das auf die Ackerbau und Viehzucht treibenden Germanen nur eine geringe Anziehungskraft auszuüben vermochte, konnte unmöglich so schnell von statten gehen, wie die Romanisierung der germanischen Splitter im späteren romanischen Sprachgebiete. Die aus dem jetzigen Bereiche der deutschen Sprache überlieferten romanischen Flurnamen bieten dafür die beste Illustration.

Wenn auch in Lothringen wahrscheinlich die germanische Be-

---

[1]) Schiber a. a. O. S. 23 ff.

siedelung von vornherein eine weit intensivere war als in diesen weiter rückwärts gelegenen Gebieten, so war doch auch hier zunächst nur ein gemischtes Sprachgebiet geschaffen worden, in dem nach Ausweis der Ortsnamen nicht unerhebliche keltoromanische Bestandteile neben den eingewanderten Germanen ansässig geblieben waren.

Die Germanisierung der eingesprengten Keltoromanen scheint dementsprechend hier schneller vor sich gegangen zu sein als in den weiter moselabwärts gelegenen, zunächst weniger von der germanischen Kolonisation in Mitleidenschaft gezogenen Gebirgsgegenden. Romanische Flurnamen im Innern des deutschen Sprachgebietes von Lothringen festzustellen, ist mir wenigstens nur in sehr bescheidenem Umfange gelungen.

Es ist nur ein einziger Name, der mir hier zur Verfügung steht; er stammt aus der Nähe von Sierck. Hier wird im Jahre 1283 [1]) ein Weinberg genannt „inter Sirkiz et Conz, que vulgariter dicitur Eusena". Immerhin eine sehr späte romanische Flurnamennennung aus dem Innern des deutschen Sprachgebietes! Und man darf wohl mit Sicherheit annehmen, dass wenn die lothringischen Quellen reichlicher flössen, sich noch manche Parallele zu dieser Erscheinung finden würde.

Leider ist nur dieser einzige Name aus jener Gegend zu so früher Zeit überliefert. Dass er romanisch, ist immerhin bezeichnend genug. Aber irgend ein Schluss auf die zur Zeit im Orte herrschende Sprache lässt sich natürlich auf Grund eines so dürftigen Materials nicht ziehen. Dass man noch romanisch im Orte geredet habe, ist bei dessen Lage ohnehin mehr als unwahrscheinlich; und es wird vollständig ausgeschlossen durch eine allerdings auch dürftige, etwa 60 Jahre später erfolgte Mitteilung. Es sind abermals Weinberge, um die es sich im Jahre 1342 [2]) handelt, „quarum una que est nova sita est in Knedeberch et alia in fossato dicta of der grayt". Von drei genannten Personennamen sind zwei augenscheinlich latinisiert (Johannes Pistor und Petrus Cacabarius), der dritte deutsch („Gelemanni dicti Reckebeyn de Sirkes").

Nähern wir uns der Sprachgrenze, so werden naturgemäss die Nennungen romanischer Flurnamen häufiger, aber im Verhältnis zu den deutschen sind sie doch geradezu verschwindend. Und wenn hier sogar Orte entschieden romanischen Namens in früher Zeit durchaus deutsche Flurbenennungen zeigen, wie z. B. Deutsch-Oth („Adoyth", „Aweduix" = aquae ductus) im Jahre 1347, so beweist dies, dass auch nahe der Sprachgrenze die Germanisierung der romanischen Elemente schon in sehr früher Zeit vollzogen gewesen sein muss. In Deutsch-Oth steht es wie in den versprengten deutschen Siedelungen Welschlothringens: die Zeit der Germanisierung lässt sich nicht bestimmen; man kann nur sagen, dass sie schon Jahrhunderte vor 1347 vollendet war.

Noch näher an der Sprachgrenze als Deutsch-Oth liegt Aumetz. Aber auch dieser Ort zeigt im Jahre 1460 eine durchaus deutsche Flurbenennung, und die aus jener Zeit überlieferten Personennamen

---

[1]) M.Bz.A., II. 479 [1].
[2]) Ebd., II. 479 [4].

rechtfertigen auch hinsichtlich dieses Ortes den Schluss, dass seit der Germanisierung schon Jahrhunderte verflossen sein mussten.

Das auf allen Seiten von deutschnamigen Ortschaften umgebene Villerupt dagegen weist noch im Jahre 1333 französische Flurnamen auf: „en lai folie, deleiz lai combe entre douz yauwes". Auf eine deutsche Bewohnerschaft deutet in diesem allerdings sehr beschränkten Material noch nichts hin.

Und in dem gleicherweise von deutschnamigen Siedelungen umgebenen Arzweiler (Angevillers) ist der im Jahre 1387 genannte Flurname („Reydeboix") ebenfalls französisch.

Unter solchen Umständen ist es nicht zu verwundern, wenn im Gebiete des benachbarten, aber noch weiter vorgeschobenen Fentsch (Fontoy) in weit früherer Zeit (im Jahre 1181) Flurnamen wie Durana und Albaia genannt werden.

In Condé am Zusammenflusse der deutschen und der französischen Nied ist der einzige im Jahre 1230 genannte Flurname französisch „en Soievigne" [1]).

So zeigt sich, dass auch in nächster Nähe der sich bildenden Sprachgrenze die Germanisierung der in die deutschen Siedelungen eingesprengten romanischen Ortschaften keineswegs zu gleicher Zeit stattfand. Und zwar war durchgehends in den Orten mit keltoromanischen Namen vorgermanischer Entstehung (Deutsch-Oth und Aumetz) die Germanisierung schon in früher Zeit vollendet. Die Vorgänge in ihnen scheinen parallel gewesen zu sein der Assimilierung der germanischen Sprachinseln in romanischer Umgebung.

Dass sich romanische Spuren in Orten, deren Namen auf nachgermanische Entstehung hindeuten (Villerupt, Angevillers), noch weit später und in einem lebendigen Zustand antreffen lassen, ist begreiflich genug, denn schon der Name dieser Orte lässt ja eine verhältnismässig grosse Lebensfähigkeit des in ihnen vorhandenen Romanentums erkennen (vgl. Deutsche und Keltoromanen S. 66 ff.).

Es stimmt völlig hiermit überein, wenn auf dem rechten Moselufer im Gebiete von Endorf (Aboncourt) noch im Jahre 1308 ein französischer Flurname „sus Chanre" auftritt. Es ist der letzte, den ich dort feststellen konnte. Spätere Urkunden enthalten ausschliesslich deutsche Namen, so 1402 „in Sultzen und in Michelban", 1470 „pré dit Scholtzewissem".

Auffallend durcheinander gemischt sind die Flurnamen, welche eine Urkunde vom Jahre 1337 aus dem Bereiche der Orte Hessingen, Bettsdorf (Bettlainville), Mancy und Chelaincourt (Ostelencourt) mitteilt. Dass sie von Metzer Amans ausgestellt ist, hat ohne Frage dazu beigetragen, den deutschen Charakter vieler Namen durch eine sehr weit getriebene Korruption bis zur Unkenntlichkeit abzuschwächen. Und wenn gleichzeitig die Urkundensprache bewirkt hat, dass einzelne Bezeichnungen einen völlig französischen Habitus zeigen, so ist es nicht zu verwundern, dass die oben gegebene Zusammenstellung der Flurnamen auf den ersten Blick den Eindruck eines überwiegenden Franzosentums hervorrufen könnte.

---

[1]) de Wailly II, Nr. 7.

Gemischt sind die genannten Flurnamen auch insofern, als sie nicht nach den angegebenen vier Ortschaften gesondert, sondern völlig durcheinander mit nur ausnahmsweiser Bezeichnung der Ortszugehörigkeit aufgezählt werden. Dadurch wird ihre Verwertung ausserordentlich erschwert.

Betrachten wir zunächst die genannten vier unmittelbar benachbarten Orte als Ganzes, so ist es für sie alle bezeichnend, dass bei näherem Zusehen sich doch zahlreiche der stark verstümmelten Namen als deutsche mit vollkommener Sicherheit erkennen lassen, wie z. B. „Berme, Aldemaicre, Crommestuc, Braimme, Baitenges, Xourouwix, Hollegnis, Chausepairme, Chaisteporme, Haijonperch, Straikebel, Braidveze, Morelznicre, Wixemairme, Taitebraine, Minaicre, Wichelaic, Wnilleberme, Lamberme."

Von den französischen Flurnamen könnten möglicherweise „en Prelle und permey la voie du moustier" aus der Uebersetzung deutscher Bezeichnungen hervorgegangen sein. Auf keinen Fall kann dies jedoch von Formen wie „au Noweroit, en Nonwilz" und anderen später zu nennenden angenommen werden.

Bei näherem Zuschauen ergiebt sich ein entschiedenes Ueberwiegen der deutschen Namen, selbst wenn man alle die rätselhaften, wahrscheinlich durch Korruption deutscher Formen entstandenen Gebilde ausser Betracht lässt. Und man wird bei der verhältnismässig grossen Zahl deutscher Formen annehmen dürfen, dass zur Zeit solche bereits in jedem der genannten vier Orte vorkamen.

Aber wie steht es mit diesen im einzelnen? Ursprünglich deutsche Nationalität kann man mit Sicherheit nur bei einem einzigen unter ihnen (Hessingen) voraussetzen, ursprünglich keltoromanische bei Mancy. Die beiden übrigen führen einen deutschen und einen französischen Namen nebeneinander. Auf Grund ihrer Namen kann man also nicht ihre ursprüngliche Nationalität bestimmen.

Vielleicht hilft dazu eine Betrachtung der Ortschaften im einzelnen auf Grund weiteren in der Urkunde enthaltenen Materials. Der Name Hessingen wird sehr häufig in der Urkunde genannt. Um ihn scheint es sich in der Besitzaufzählung ganz besonders gehandelt zu haben. Und daraus wird sich schon zum Teil das Ueberwiegen der deutschen Flurnamen erklären lassen. Aber ausschliesslich deutsch war auch die Flurbenennung in Hessingen nicht: Ein Grundstück mit Namen „a Lorunxelz" wird ausdrücklich als im Banne dieses Ortes gelegen bezeichnet.

Dies hat nun durchaus nichts Auffallendes: Weit vorgeschoben als der äusserste einheitlich deutsch benannte Ort an dieser Stelle hatte Hessingen ohne Zweifel Grenzberührung mit romanischen Ortschaften und hat sie in der Richtung auf Vigy hin dauernd behalten, solange es deutsch war. Unter diesen Umständen ist das Vorkommen eines französischen Flurnamens neben mehreren deutschen, die sicher auf den Bann von Hessingen entfallen, sehr begreiflich.

Das gilt aber durchaus nicht für Bettsdorf (Bettlainville). Wenn für diesen Ort, der durch das vorgelagerte Hessingen nach der französischen Seite hin gedeckt war, von den wenigen in der Urkunde genannten französischen Flurnamen allein zwei laut bestimmter urkundlicher Angabe in Anspruch genommen werden müssen („areix lou Perillon und en Lixieires"), so können diese angesichts der Lage des Ortes nicht mehr durch Grenzberührung erklärt werden. Sie müssen am Orte selber entstanden sein. Dieser hatte also einst eine romanische Bevölkerung, und nicht Bettsdorf, sondern Bettlainville ist als sein ursprünglicher Name zu betrachten.

Dass es im Gebiete dieses Orts indessen bereits deutsche Namen neben romanischen gab, bestätigt die Urkunde, indem sie einen solchen („Rousaicre") ausdrücklich demselben zuweist.

Dass sich in der Richtung auf Mancy romanische Flurnamen finden, bedarf keiner Erklärung, sondern nur des Hinweises („a Laxerauvle en la voie de Mancey"), denn dieser Ort ist schon durch seinen Namen als ursprünglich romanisch kenntlich.

So ergiebt sich also zunächst, dass das ursprünglich deutsche Hessingen in seiner weit vorgeschobenen Lage, durch die romanischen Bettsdorf und Mancy von der deutschen Nachbarschaft abgetrennt, anfänglich eine deutsche Sprachinsel, allerdings nahe vorgelagert dem Gebiete dichterer deutscher Siedelungen, darstellte. Trotzdem hat es seine deutsche Nationalität bewahrt und ist durch die Germanisierung von Bettsdorf und Mancy allmählich mit dem sich bildenden deutschen Sprachgebiete zusammengewachsen.

Wann aber erfolgte die Germanisierung dieser Orte? — Das kann man wohl schon auf Grund des mitgeteilten Materials erschliessen, dass im Jahre 1337 diese Orte im wesentlichen deutsch waren, denn von den in der Urkunde überwiegenden deutschen Flurnamen entfallen sicher auch einige auf sie. Aber es ist ungewiss wie viele, während romanische Flurnamen ausdrücklich als diesen Orten angehörig bezeichnet worden sind. Den zwei romanischen Flurnamen in Bettsdorf kann man mit absoluter Sicherheit nur einen einzigen deutschen auf Grund einer urkundlichen Angabe gegenüberstellen. Und wer bürgt dafür, dass nicht auch einige von den wenigen romanischen Flurnamen, deren Ortszuteilung unmöglich ist, diesem Orte angehören?

Personennamen sind nur wenige genannt, aber etwas dürften sie doch auf jeden Fall der Lösung dieser Frage zu gute kommen. Unter ihnen sind deutsch „Howement, Huwelof, Liefement, Hennemant Siguelaire", französisch „Geliat, Demangin de Champillon, Jehan Belfis, Ancillon lou filz Hastresol". Auf alle Fälle waren also zahlreiche Einwohner mit französischen Familiennamen vorhanden. Und da hier an eine französische Einwanderung in grösserem Massstabe nicht gedacht werden kann, ist eine Germanisierung von Bettsdorf und Mancy vor der Zeit der Entstehung der Familiennamen ausgeschlossen. Etwa bis zur Mitte des 13. Jahrhunderts dürften daher beide Orte als französisch redend zu betrachten sein. Um die Zeit wird die Vorbereitung der Germanisation durch deutsche Einwanderung begonnen haben, um etwa im ersten Viertel des 14. Jahrhunderts zum Abschlusse zu kommen. 1337 wird ein „Heince (Heinze) de Mancey" genannt, und der Acker, dessen Nachbar er ist, heisst „Morelzaicre". Es wurden also zur Zeit in Mancy, dem vorgeschobensten der beiden Orte, bereits deutsche Flurnamen mit französischen Personennamen im ersten Gliede gebildet (Morel und Acker); und das wäre ohne eine intensive Germanisierung ganz unerklärlich.

Nur für Chelaincourt reicht das in der Urkunde vom Jahre 1337 Mitgeteilte nicht aus. Dass der Ort später deutschredend war, daran kann nach den oben (in Kap. I) mitgeteilten Materialien gar kein Zweifel sein. Das beweist zwar nicht der im Jahre 1387 genannte Name Oderstorf, denn dieser könnte auch von der deutschen Nachbarschaft herrühren, wohl aber die zahlreichen im Banne des Ortes vorkommenden deutschen Flurnamen und die sonst in Lothringen an der Sprachgrenze so seltene Anwendung des Deutschen als Urkundensprache in einer rein örtlichen Angelegenheit (1582), wobei noch besonders ins Gewicht fällt, dass diese Urkunde in Metz abgefasst worden ist. Denn in dieser Stadt, von der noch heute manche glauben, dass sie im Mittelalter deutschredend war, herrschte das Französische als Urkundensprache so unbedingt, dass auch die auf deutsche Angelegenheiten bezüglichen dortigen Dokumente fast ausschliesslich in dieser Sprache abgefasst sind.

Wie steht es aber mit der ursprünglichen Nationalität von Chelaincourt? Ist der Name Oderstorf der ursprüngliche, und hat der so benannte Ort durch seine Anlehnung an das vorerst von der Masse der deutschen Siedelungen getrennte Hessingen dessen Widerstandsfähigkeit der romanischen Umgebung gegenüber erhöht, so dass es sich bis zum Zusammenwachsen mit dem deutschen Sprachgebiete ungebrochen erhalten konnte? — Oder ist sein Deutschtum erst eine Folge des Vorganges, durch welchen die Insel Hessingen landfest wurde?

Jedenfalls finden sich auch noch nach dem Jahre 1337 im Banne des Ortes deutliche Anzeichen, die auf eine ehemalige romanische Bevölkerung hinweisen. Ein Blick auf die in Kap. 1 mitgeteilten Materialien zeigt uns im Jahre 1352 allerdings einen deutschen Namen „preit en Braiedewiez", aber noch französische 1357 „preit ... on leu comdist en Noweruelz", 1372 „boix on Cugnat", 1406 „champs ... en Rozerot", 1420 „boix condit le boix le Valdoy". Alles durchaus französische Formen, die etwa aus der Wirkung der französischen Urkundensprache zu erklären ganz unmöglich ist. Auch eine Ableitung aus der französischen Nachbarschaft dürfte sehr gewagt sein; denn dazu sind sie unter der geringen Zahl überhaupt genannter Formen viel zu häufig.

Mit aller Entschiedenheit spricht gegen eine solche Annahme noch ein weiterer Punkt: Ueberblickt man die Zusammenstellungen in Kap. 1, so kann man sich bei diesem Orte des Eindruckes einer stetigen Befestigung seines deutschen Charakters nicht erwehren. In den früheren Urkunden halten die französischen Flurnamen den deutschen noch mindestens die Wage, und erst 1420 sehen wir ein entschiedenes Ueberwiegen der deutschen Formen. Aber unter den Personennamen kommen noch französische vor. Der Maire des Ortes sogar heisst „Simonin Malmaistrez". Dass aber damals (1420) die deutsche Sprache im Orte herrschte, zeigt ein anderer Personenname „Douwe Hannesse condit le xour". Ohne Zweifel war die im Orte übliche Benennung „Douwe (der taube) Hannesse"; das „condit le xour" (sourd) ist lediglich eine Uebersetzung des Epithetons für den Metzer Collignon de Heu, für den man in angezogener Aufzeichnung ein Zinsverzeichnis von Chelaincourt zusammengestellt hatte. 1492 kann auch eine Metzer Amans-Urkunde den deutschen Charakter des Ortes nicht mehr verbergen, und 1582 lässt die schon erwähnte in deutscher Sprache abgefasste Metzer Urkunde daran gar keinen Zweifel mehr aufkommen.

So zeigt sich eine beständige Steigerung, ein stetig entschiedeneres Hervortreten des deutschen Charakters dieses Ortes, je spätere Urkunden man zu Rate zieht; und damit Hand in Hand geht eine fortschreitende Einengung und Austilgung der auf französische Bevölkerung hinweisenden Merkmale. In den früheren Urkunden noch vorherrschend, treten die französischen Flurnamen mit der Zeit immer mehr zurück, bis sogar die Metzer Amans-Urkunde vom Jahre 1492 neben einer herrschenden deutschen (allerdings in verstümmelten Formen mitgeteilten) Flurbenennung nur noch ganz vereinzelte französische Bezeichnungen aufzuweisen hat, die sämtlich der französischen Urkundensprache ihr Dasein verdanken, also hier nicht in Betracht gezogen werden können.

Mit anderen Worten: unser Material über Chelaincourt lässt alle Erscheinungen eines in fortschreitender Germanisierung begriffenen Ortes deutlich genug erkennen. Von diesem Germanisierungsprozess können wir allerdings nur die letzten Gefolgeerscheinungen beobachten, denn die Germanisierung des Ortes selber kann nicht lange nach der Zeit des Erscheinens unserer ersten örtlichen Urkunden vollendet sein. Was wir sehen, ist nur die allmähliche Austilgung der übernommenen romanischen Nomenklatur, nachdem die Sprache des Ortes bereits die deutsche geworden war.

Aber diese Erscheinungen sind bezeichnend genug, um den sicheren Schluss zu gestatten, dass es sich hier um die Germanisierung eines Ortes handeln muss; und um germanisiert werden zu können, musste der Ort vorher romanisch gewesen sein. Wir sind also — um an die oben gestellten Fragen anzuknüpfen — zu dem Ergebnisse gelangt, dass das Deutschtum von Chelaincourt lediglich als eine Folgeerscheinung desjenigen Vorganges zu betrachten ist, der auch die bisherige deutsche Sprachinsel Hessingen landfest werden liess; dass wir hier einen im Laufe der Zeit germanisierten Ort von ursprünglich romanischer Bevölkerung vor uns haben [1]).

Die genauere Zeitbestimmung der Germanisation mag im folgenden

---

[1]) Auch der Name des Ortes, auf den ich mich sonst nur ungern zu solchen Zwecken beziehe, spricht für ursprüngliches Romanentum. Als französische Bezeichnung steht für das ganze Mittelalter und die beginnende Neuzeit die Form „Ostelaincourt" fast unerschütterlich fest, die deutsche dagegen schwankt beständig zwischen „Oderstorf, Usstorf, Euschdorff". Das macht es sehr wahrscheinlich, dass der unveränderte französische Name der ursprüngliche war und als solcher dem deutschen als Grundlage diente, dessen Schwanken durch seine Entstehung als Korruptionsbildung und durch seine Anwendung nur nebenher schon genügend erklärt wird. Bei einem ursprünglich deutschen Namen wäre eine solche Verschiedenheit der Formen (und zwar in deutschen Urkunden!) und eine so auffallende Verstümmelung des ersten Gliedes, das sich in der französischen Form viel reiner erhalten hat, ganz unerklärlich.

Kapitel im Zusammenhang mit weiteren ähnlichen Erscheinungen versucht werden.

Mit den weiter oben mitgeteilten Materialien stimmt es vollkommen überein, wenn im Jahre 1284 genannte Bewohner von Mulcey (östlich Marsal) deutsche Familiennamen führen. Denn auch dieser seinem Namen nach ursprünglich romanische Ort lag im Bereiche der deutschen Siedelungen und ist daher frühzeitig germanisiert worden.

Was ergiebt sich nun aus diesen Mitteilungen für die Feststellung der Sprachgrenze bezw. die Entstehung einheitlicher Sprachgebiete? Früher habe ich die Meinung vertreten (Deutsche und Keltoromanen S. 76 ff.), dass die Sprachgrenze gegen Ende des 10. Jahrhunderts sich ausgebildet hatte. Ist diese Meinung angesichts der neuen Materialien noch aufrecht zu erhalten?

Dass das deutsche Sprachgebiet in der Ausdehnung, in welcher ich es in meiner Dissertation dargestellt habe, schon zu Ende des 10. Jahrhunderts bestanden habe, kann nun allerdings nicht mehr behauptet werden. Vor allen Dingen kann Marsal, auf das ich mich bei jener Zeitbestimmung besonders bezogen habe, Ende des 10. Jahrhunderts keineswegs als deutschredend angenommen werden. Darüber werde ich im nächsten Kapitel eingehender handeln.

Wenn wir aber die Feststellung der Sprachgrenze auffassen als bewirkt durch die Romanisierung der zerstreuten germanischen Siedelungen auf der einen und durch die Germanisierung der romanischen Elemente auf der anderen Seite; wenn wir in ihr wesentlich die Linie sehen, die zwei sprachlich einheitliche Gebiete voneinander scheidet, so dürfte diese chronologische Fixierung nicht zu früh gegriffen sein.

Denn auf der einen Seite sahen wir die germanischen über Welschlothringen zerstreuten Sprachinseln schon sehr früh ihre Nationalität einbüssen. Und auch bei Rosslingen, Silvingen und Maringen hat sich oben ergeben, dass der Annahme ihrer Romanisierung im 10. Jahrhundert auf Grund der vorhandenen Materialien kein ernsthaftes Bedenken entgegengesetzt werden kann.

Also ein einheitliches romanisches Sprachgebiet war Ende des 10. Jahrhunderts in Welschlothringen ohne Frage vorhanden.

Entsprechend zeigten sich auch die von deutschen Siedelungen umgebenen Orte romanischen Namens, wie z. B. Deutsch-Oth, Mulcey in früher Zeit germanisiert. Sogar das nicht einmal auf allen Seiten an deutsche Ortschaften angrenzende Aumetz zeigt im 15. Jahrhundert bei einem umfassenden Flurnamenmaterial kaum noch eine Spur ehemaliger romanischer Bevölkerung. Auffallend allerdings sind die Hinweise auf romanische Nationalität, wie sie in Endorf (Aboncourt) in Erscheinung treten. Aber das Material ist hier ein so dürftiges, dass hinsichtlich der Chronologie eine Schlussfolgerung ganz unmöglich ist. Das jedenfalls dürfte auch hier kaum zu bestreiten sein, dass bis zu Ende des 10. Jahrhunderts die dem deutschen Siedelungsgebiete beigemischten romanischen Bestandteile, selbst romanische Ortschaften, die nur durch eine einzige Reihe deutscher Niederlassungen von ihren Sprachgenossen abgetrennt waren, als assimiliert betrachtet werden können. So haben wir also Ende des 10. Jahrhunderts ein einheitlich germanisches Sprachgebiet, das nahezu sämtliche germanisch benannten Siedelungen Lothringens und die von ihnen eingeschlossenen Ortschaften keltoromanischen Namens umfasste.

Beide Gebiete lassen sich genau abgrenzen. Verbinden wir die vorgeschobensten Orte der beiden Gebiete, so erhalten wir als Abgrenzung a) des geschlossenen romanischen Sprachgebietes eine Linie von Errouville über Beuvillers, Audun-le-Roman, Arzweiler (wahrscheinlich noch romanisch), Fentsch, St. Pierremont, Avril, Moyeuvre, Vitry, Amnéville, Silvingen, Ay, Tremery, Mancy, Bettsdorf, Vigy, Vry, Condé, Courcelles, Servigny (Silbernachen), Hémilly, Arriance (Argenchen), Thicourt (Diedersdorf), Lesse, Lucy, Chicourt, Vannecourt, Burlioncourt, Harraucourt, Bathelemont, Lezey, Ley, Ommeray, Bourdonnay, Moussey, Avricourt; b) des geschlossenen germanischen Sprachgebietes eine Linie von Tiercelet (Lare) über Bergheim, Aumetz, Bollingen, Havingen, Oetringen, Algringen, Kneutingen, Hayingen, Morlingen, Bevingen bei Justemont, Gandringen, Hagendingen, Talingen, Blettingen, Lüttingen, Altdorf, Nidingen, Northen, Wieblingen, Rollingen, Niederheim (Niederum), Brülingen, Brehain (Bergheim), Dalheim, Obreck, Mulcey, Juvelize (Gerskirch), Rixingen, Folkringen, Lascemborn.

Diese beiden Linien berühren sich durchgehends; es sind fast immer Nachbarorte, über die sie verlaufen. Also bestand thatsächlich um jene Zeit bereits eine deutsch-französische Sprachgrenze, eine Linie, die zweifellos schon seit Jahrhunderten mit ganz geringen Abweichungen die Grenze des germanischen und kelto-romanischen Siedelungsgebietes dargestellt hatte. Von einem sprachlichen Mischgebiete kann gar keine Rede sein, denn die Strecken, in denen beide Grenzlinien einander nicht berühren, sind verschwindend.

Dass Rombach um die Zeit sein Deutschtum noch behauptete, und dass Hessingen, einstweilen noch dem deutschen Sprachgebiete vorgelagert, eine Insel im Romanentum darstellte, kann an der Thatsache des Vorhandenseins einer ausgebildeten Sprachgrenze nichts ändern. So unbedeutende Ausnahmeerscheinungen finden sich überall.

Der Verlauf der deutsch-französischen Sprachgrenze um die Wende des X. zum XI. Jahrhundert, also um das Jahr 1000, ergiebt sich aus den oben gezogenen zwei Linien als die mittlere. Ihre Darstellung findet sich in der beigegebenen Kartenskizze.

V. Letzte Erfolge des Deutschtums.

Dass diese Sprachgrenze des Jahres 1000 nicht lange von Bestand blieb, hat sich bereits im vorigen Kapitel gezeigt. Sie war die erste Abgrenzung beider Nationalitäten in Lothringen und bedeutete nur eine vorübergehende Ruhepause in ihrem Ringen. Die expansive Kraft des Deutschtums war noch nicht erlahmt. Schon nach kurzer Zeit wird es ihm in dieser Abgrenzung zu eng, und durch ein langsames, aber stetiges Hinüberströmen seiner Angehörigen in die nachbarlichen Ortschaften der Romanen werden diese immer mehr vom Deutschtum durchtränkt, um ihm schliesslich ganz zu verfallen, und die Sprachgrenze dadurch von Ort zu Ort weiter geschoben.

Zunächst waren es Bettsdorf (Bettlainville) und Mancy, die so der deutschen Sprache gewonnen wurden. Oben hatte sich ergeben, dass ihre Germanisation ungefähr in der Zeit von 1250—1325 stattgefunden haben muss. Durch ihre Verdeutschung wuchs auch Hessingen, das sich bisher als deutsche Sprachinsel im romanischen Gebiete behauptet hatte, mit dem deutschen Sprachgebiete zusammen.

Auch in dem noch weiter vorgeschobenen Chelaincourt sehen wir bereits ein mit der Zeit immer stärkeres Hervortreten des deutschen Charakters. Die Lage dieses Ortes macht es erklärlich, dass sich in ihm das ganze 14. Jahrhundert hindurch und bis tief in das 15. hinein französische Flurnamen in verhältnismässig erheblicher Zahl und in unzweifelhaft echten, charakteristischen Formen erhalten haben. Das vom Jahre 1420 mitgeteilte Material gestattet indessen bei dem entschiedenen Vorherrschen der deutschen Flurnamen und den durch die Personennamen gebotenen Fingerzeigen keinen Zweifel mehr, dass zur Zeit am Orte die deutsche Sprache die herrschende war. Und ihr Uebergewicht ist in den Flurbenennungen bereits ein so entschiedenes, dass der Gedanke an eine ganz neuerdings vollendete Germanisierung ausgeschlossen ist.

Wenn daher auf der einen Seite sowohl die topographische Lage als auch die urkundlichen Materialien die Germanisierung dieses Ortes in eine spätere Zeit zu verlegen nötigen, als diejenige von Bettsdorf und Mancy; wenn auf der anderen sich der erste deutsche Flurname etwa um 1300 („sus Wientselen") und weitere vereinzelte deutsche Formen in dem nicht reichhaltigen urkundlichen Material des 14. Jahrhunderts zeigen, um, sobald zahlreiche Flurnamennennungen erfolgen (1420), sich als überwiegend herauszustellen, so dürfte man wohl mit einiger Sicherheit den Abschluss der Germanisierung dieses Ortes in das Jahr 1350 verlegen können[1]).

Aehnliche Erscheinungen lassen die nach der Mosel zu sich anschliessenden Orte Trémery, Flévy und Ay erkennen. Ihrem Namen nach sind alle diese Orte unzweifelhaft keltoromanischen Ursprungs. Ein aus früherer Zeit überliefertes Flurnamenmaterial würde sicher eine ausführliche Illustration dieser Thatsache ermöglichen. Leider stammen indessen die frühesten Materialien, welche ich über diese Orte auffinden konnte, erst aus dem Jahre 1406. In ihnen wird man bei annähernd ähnlichem Verlaufe der Germanisation wie in den uns schon bekannten Fällen keinen grossen Vorrat an französischen Benennungen mehr erwarten dürfen.

Zur Konstatierung der ursprünglichen Nationalität dieser Orte können wir dies zwar entbehren, denn sie ist durch den Ortsnamen schon genügend gekennzeichnet. Aber zu einer genauen Zeitbestimmung der Germanisierung wären ergiebigere Materialien erwünscht.

Es muss daher versucht werden, mit dem Vorhandenen auszukommen. Und da ist es immerhin bezeichnend genug, wenn im Jahre 1406 im Banne von Trémery, d. h. dem am weitesten nördlich gelegenen, also einer Germanisation am meisten ausgesetzten der genannten Orte, noch ein Flurname „en Luxure" vorhanden ist, eine Form, wie sie sich in den vom Deutschtum unbeeinflussten Ortschaften Welschlothringens sehr häufig wiederfindet.

Flévy liegt etwas weiter östlich und schliesst sich unmittelbar an die schon im vorigen Kapitel als germanisiert bezeichneten Ortschaften und an Hessingen an. Hier finden wir gleichzeitig genannt an französischen Bezeichnungen „preit en Weivre, meix desous le Chenne, champz en Champaigne, boix de Pontelle, fontenne d'Estonalle."

In dem durch beide Orte gedeckten Ay sind gleichzeitig genannt „terre de Maiasse, preit daieir Montigney, boix on leu com dist en Halboix."

Auf alle Fälle werden auch diese wenigen Flurnamen ausreichen, um auch für diejenigen, denen der Ortsname nicht genügen möchte, den unumstösslichen Beweis zu erbringen, dass die drei Orte zu irgend einer Zeit romanisch redend gewesen sein müssen.

Aber wie lange waren sie romanisch redend? Wann wurde die französische Sprache von der deutschen verdrängt? — Um dies festzustellen, sei zunächst der Blick auf die übrigen im Gebiete dieser Orte genannten Flurnamen gerichtet: In Trémery sind ausser obigem Namen nur genannt „la terre Xawairt und leritaige Cachzewalle", jedenfalls verstümmelte deutsche Personennamen, hier zur Bezeichnung der Grundstücke verwandt, also keine eigentlichen Flurnamen.

In Ay finden sich „terre de Locquamme, en Locque und les

---

[1]) Es braucht wohl kaum besonders gesagt zu werden, dass alle derartigen Zeitbestimmungen nur annähernde sein können.

terres Odorf". Am reichhaltigsten ist Flévy ausgestattet mit Formen, wie „Rode, Xeleide, Paferode, Berque, Walquenaquer, Xonnebich". Alle diese Namen sind aus dem Jahre 1406 überliefert. In Flévy lässt sich sogar schon im Jahre 1353 ein deutscher Flurname „preit en Stritewisse" nachweisen.

Wenn sich so das Material über Trémery und Ay als sehr dürftig herausstellt, so ist es wohl gestattet, sie etwas an dem Ueberflusse Flévys teilnehmen zu lassen. Dass in der That der Verlauf der Dinge an allen drei Orten, von kleinen Abweichungen abgesehen, derselbe gewesen sein muss, darauf lässt schon die unmittelbare Nachbarschaft dieser ein nach Norden zu stumpfwinkliges Dreieck bildenden Niederlassungen schliessen. Und wenn auch nur wenig über Trémery und Ay mitgeteilt werden konnte, so stand doch dies Wenige mit den reichlicheren über Flévy vorhandenen Thatsachen durchaus in keinem Widerspruche.

Dass in Trémery der einzige vorhandene wirkliche Flurname romanisch war, ist gerade bei diesem Orte am wenigsten bedenklich. Denn durch seine Lage am meisten der Germanisation ausgesetzt, dürfte er thatsächlich hinsichtlich des Reichtums an deutschen Formen nicht hinter Flévy zurückgestanden haben, um so weniger, als das noch weiter südlich gelegene Ay unter den wenigen genannten Flurnamen mehrere unzweifelhaft deutsche aufzuweisen hat.

Um ein abschliessendes Urteil zu ermöglichen, seien noch die Personennamen herangezogen. In Trémery sind 1406 genannt an deutschen Familiennamen „Zommer, Buzelaire (Bussler), Weltrement, Xottement, Xeulte, Xelle, Boussement, Xonnehasse" u. a. m. Daneben kommen nur noch wenig französische Formen vor, wie „Thomessin filz Sairisse, Ancillon Pinte (?), Jehan Anguenel," sehr bezeichnend ist die Form „Xousement fils Niqueloz Guerdin."

Ay: deutsche Formen, wie „Jehan de Wolfe, Xenke, Xotsement, Frichement, le maire Zommer d'Aiey, Hannes loste d'Aiey, Hannes Houwe" u. a.; französische: „Maitheu de Tremercy, Maiansate femme Nemmerit Bourjoix."

Flévy, deutsch: „Peltrement Xoltesse, Jaicob Mulair, Hennequins Heirich, Ancillon Bixaffe, Zeistain, Ricaird com dit Loze, Waultrin Steillement u. a.; französisch: „Malvay Hanrit, Michief Boutefeu, Hanrit Coquins."

So zeigt sich auch hinsichtlich der Personennamen eine volle Uebereinstimmung innerhalb der drei Ortschaften, die sich ausspricht in einem ganz entschiedenen Ueberwiegen der deutschen Formen. Darüber kann nunmehr kein Zweifel mehr obwalten, dass in diesem Gebiete die deutsche Sprache im Jahre 1406 entschieden die herrschende war. Das erdrückende Uebergewicht der deutschen Personennamen, sowie das starke Hervortreten deutscher Flurnamen, wie es besonders in Flévy zu erkennen ist, zwingt zu dem Schlusse, dass seit Vollendung der Germanisation schon einige Zeit vergangen sein musste.

Dass es jedoch noch nicht lange gewesen sein konnte, das beweisen neben den verhältnismässig zahlreich und unkorrumpiert überlieferten französischen Flurbenennungen die wenigen noch erhaltenen französischen Familiennamen. Da es sich hier ohne alle Frage um ein Gebiet deutscher Einwanderung handelt, darf man nicht etwa die französischen Familiennamen durch Einwanderung erklären wollen. Dass ihrer nur noch wenige sind, spricht nicht gegen ihren Ursprung an Ort und Stelle. Einst waren es natürlich mehr; einst herrschten sie allgemein und uneingeschränkt. Aber die deutsche Einwanderung, die zu einer allmählichen Verdrängung der einheimischen Flurnamen führte, hat das Feld der heimischen Personennamen noch früher eingeengt.

Wenn in diesen Orten noch eine französische Familienbenennung entstehen konnte, so muss in ihnen die französische Sprache sicher noch im 13. Jahrhundert geherrscht haben. Die deutschen Einwanderer fanden also schon französische Familiennamen vor. Und dass diese so schnell bis auf geringfügige Reste verschwinden konnten, war nur dadurch möglich, dass in jenen Zeiten die Familiennamen nicht entfernt die Festigkeit erlangt hatten, wie heute. Sie tragen damals noch viel mehr den Charakter von Beinamen, die zwar vom Vater auf den Sohn forterben konnten, aber es keineswegs unter allen Umständen mussten.

In Strassburg, wo doch der rege städtische Verkehr viel mehr in dieser Richtung wirken musste als die engen patriarchalischen Zustände in den Dörfern, in denen jeder den anderen kennt und auch eine Aenderung des Beinamens nicht zu Verwechselungen führen kann, besteht im 14. Jahrhundert in den kleinbürgerlichen Kreisen noch keineswegs vollkommene Festigkeit der Familiennamen. Es kommen noch recht zahlreiche Fälle vor, in denen der Sohn einen anderen Namen führt als der Vater.

Dass derartige Namenswechsel bei einer Wandelung der Nationalität des Ortes noch weit häufiger sein mussten, liegt auf der Hand. Sobald die deutsche Einwanderung in Trémery, Flévy und Ay so mächtig geworden war, dass sie neue Flurnamen von allgemein örtlicher Bedeutung in ihrer Sprache zu prägen vermochte, hatte sie auch die entscheidende Stimme bei der Belegung der Ortsangehörigen mit Beinamen, aus denen allmählich die festen Familiennamen entstanden. Nur so konnten die französischen Beinamen dieser Orte in so kurzer Zeit auf ein Minimum reduziert werden. Deswegen sind wir auch nicht berechtigt, alle diejenigen, welche wir in der Urkunde von 1406 als Träger deutscher Familiennamen erkennen, unbedingt für die Nachkommen deutscher Einwanderer zu halten. Ohne Zweifel befinden sich unter ihnen so manche, deren Vorfahren seit Generationen am Orte ansässig, es sich nicht hätten träumen lassen, dass ihre Enkel einst einen auf deutsche Abkunft hinweisenden Stempel im altangestammten Orte tragen würden. Der in Trémery genannte „Xousement fils Niqueloz Guerdin" ist als deutsch benannter Sohn eines noch französischen Namen führenden Vaters ein treffliches Beispiel für diese durch den nationalen Wandel begünstigte Umnennung.

Wenn nun also in den drei Orten für das Jahr 1406 schon eine längere Dauer des Deutschen als Ortssprache angenommen werden, wenn andererseits das 13. Jahrhundert aus obigen Gründen noch der französischen Sprache angehört haben muss, so ergiebt sich, dass diese Orte Schicksalsgenossen von Chelaincourt waren, dass auch in ihnen etwa im Jahre 1350 die deutsche Sprache den Sieg davontrug. Die in Abschn. I mitgeteilten späteren Materialien hier noch heranzuziehen, ist daher überflüssig.

Welchen Charakter etwa die Flurbenennung von Trémery, Flévy und Ay vor der deutschen Einwanderung gehabt haben muss, lässt ein Blick auf das südlich vorgelagerte Ennery erkennen. Ein ausführliches Grundstücksverzeichnis vom Jahre 1323 lässt den Ort noch vollständig französisch erscheinen mit einer Flurbenennung, in der „Rowe, Champaigne, Savigney, Folie, Bugnon" die charakteristischsten Formen sind. Aus dem Rahmen fällt einzig und allein ein „Angledot", das 1406 in der Form „Angledorf" erscheint, der Name eines abgegangenen deutschen Ortes, der nur noch als Flurname ein kümmerliches Dasein fristet!

Hinsichtlich der Flurnamen weicht das Zinsverzeichnis von 1365/66 nur sehr unbedeutend ab; es enthält durchaus französische Formen. Nur das einzig dastehende „Stainresse" scheint die erste Spur einer eindringenden deutschen Nomenklatur zu sein. Aber während 1323 nur ein einziger deutscher Personenname konstatiert werden konnte („Henneman lou maiour"), sind dieselben 1365 schon nicht mehr selten. So finden sich „Jehan Querne (Kern), Hanekins filz Bixaf, Maitheus Bechement, Loudemans li bouchiers" neben französischen Formen, wie „Thiebals Glasson, Isabelz Guenardin, Arnols Oselat, Maihouz, Poinsete suer Tremerel, Burthemins Borgon, Cole de Ruxey."

1406 zeigt sich noch keine erhebliche Veränderung, nur dass die Zahl der deutschen Personennamen im Verhältnis zu den französischen zugenommen zu haben scheint.

Erst das Grundbuch von 1444 zeigt einen merklichen Umschwung. Zwar sind in ihm noch die französischen Flurnamen vorherrschend, Formen wie „Cugnat, Certelle, Champaigne, Sawignon, Rouveroy, Pradelle" stehen durchaus im Vordergrunde. Aber deutsche Namen wie „la Zourewize, en Taffel, Dommewize, Mathishude, Stainrettze (vgl. unter dem Jahre 1365/66), Horguerden, Crommedagen" machen sich neben ihnen schon sehr bemerkbar. Und wenn in der französisch abgefassten Urkunde sogar eine Form „am Gueir" überliefert ist, so ist diese rein erhaltene deutsche Flexion weit bezeichnender für die am Orte zur Zeit geredete Sprache, als die zahlreichen französischen Formen, die auch von einer deutsch sprechenden Bevölkerung übernommen und bewahrt sein konnten.

So sehen wir die schon bei Chelaincourt beobachtete allmähliche Steigerung des deutschen Charakters sich hier in noch weit ausgeprägterem Masse wiederholen. Und auch hier bildet eine in rein örtlicher Angelegenheit erlassene und in deutscher Sprache verfasste Urkunde den Abschluss (1572).

Wenn damit für dies Jahr das Deutschtum des Ortes in ausreichendem Masse bezeugt ist, so können wir auch für 1444 auf Grund eines reichen Materials die deutsche Sprache als die im Orte herrschende annehmen. Die Zahl der deutschen Flurnamen in Verbindung mit der schon aus früheren Urkunden ersichtlichen starken deutschen Einwanderung berechtigt vollkommen dazu.

Dagegen muss im Jahre 1323 der Ort noch als überwiegend französisch betrachtet werden. Das als Flurname genannte „Angledorf" kann als Name eines abgegangenen deutschen Ortes nichts dagegen beweisen. Und der einzige feststellbare deutsche Personenname lässt keinen Zweifel, dass eine bei der Nähe der deutschen Siedelungen jedenfalls nicht ausgeschlossene deutsche Beimischung sich in sehr bescheidenen Grenzen hielt. Bis 1365 hatte dieselbe indessen schon erheblich zugenommen und scheint im Jahre 1406 entschieden vorgeherrscht zu haben.

Aber stark genug, um auf die Flurbenennung einen merklichen Einfluss ausüben zu können, war sie auch 1406 noch nicht. Unter einer sehr grossen Menge mitgeteilter Flurnamen lässt sich 1406 allein der nichts beweisende „Angledorf" als deutscher nachweisen (Stainretze war schon vorher genannt, kommt aber 1406 nicht vor).

Dass die deutsche Sprache 1406 in Ennery bereits überwog, ist bei der ersichtlich starken Einwanderung wohl anzunehmen. Aber die einheimische Bevölkerung scheint sich dem Einflusse der deutschen Sprache noch entzogen zu haben; erst 1444 sieht man, dass deutsche Formen in unverstümmelter Gestalt in der Flurbenennung eine unbestrittene Anerkennung und allgemeine Geltung erlangt haben. Die Entscheidung muss also zwischen 1406 und 1444, also etwa um 1425, stattgefunden haben.

So hatte das Deutschtum an dieser Stelle doch immerhin für die Kürze der Zeit und die Geringfügigkeit der Mittel nicht unbeträchtliche Erfolge errungen. In der Zeit von 1250—1325 fielen Mancy und Bettsdorf unserer Sprache anheim, 1350 errang sie die Herrschaft in Chelaincourt, Trémery, Flévy und Ay, etwa 1425 gehörte ihr auch Ennery an. Damit hatte sich unsere Sprache in ihrem Fortschreiten dem welschen Metz auf dem rechten Moselufer bereits bis auf 11 km genähert.

Und damit war der Stillstand immer noch nicht eingetreten. Auch in den noch weiter nach Süden gelegenen Ortschaften macht sich eine deutsche Einwanderung deutlich geltend. So werden in dem nur noch 8½ km von Metz entfernten Argancy im Jahre 1406 als Grundbesitzer genannt „Hennement Stille und Fourquairt Caizebrot"; Chailly bei Ennery hat im Jahre 1403 sogar einen deutschen Maire Namens „Vollemer, li filz Hennement Volmer d'Ennerey", und 1408 wird als dort wohnhaft bezeichnet der Schmied „Hainse fil Thiellement de Guenange"; in Champion, ebenfalls bei Ennery, heisst der Maire 1516 „Burthemin Boucque"; ausserdem wird dort namhaft gemacht „la piece de haye condit la haye de Hannestorff decoste la fontaine Hannestorff."

Einzelne Deutsche finden sich in ganz entlegenen Gegenden, so z. B. in Chérisey (Kt. Verny) im Jahre 1350 ein „Henneman de Cherixey", in Vallières 1448 „Jehan Xauffestain und Jehan Ysambair", in Lessy 1499 ein „Jehan Hesse". Das sind die entfernten Ausläufer derselben deutschen Wanderung, durch die wir zuletzt Ennery der deutschen

Sprache gewonnen sahen und durch die bei längerer Dauer allmählich auch die sich anschliessenden und schon in Mitleidenschaft gezogenen Orte Argancy, Chailly, Champion der französischen Sprache entrissen worden wären. Aber dieser Erfolg sollte nicht mehr errungen werden. Der deutsche Nachschub blieb aus und die über Ennery hinaus vorgeschobenen deutschen Bevölkerungsteile mussten der Romanisierung verfallen. Ennery bezeichnet den letzten Erfolg des Deutschtums an dieser Stelle. Seine Germanisierung gelang noch, aber in ihm hatte das Deutschtum seinen Markstein gefunden.

Dass eine so kräftige Vorwärtsbewegung des Deutschtums nur auf die eben behandelte eng begrenzte Gegend beschränkt gewesen sein sollte, lässt sich von vornherein nicht annehmen. Thatsächlich finden sich denn auch längs der ganzen Ausdehnung der Sprachgrenze einzelne Punkte, in denen sich ähnliche Vorgänge deutlich erkennen lassen. Das am Zusammenflusse der deutschen und der französischen Nied gelegene Condé-Northen finden wir im Jahre 1554 vollständig deutsch. Dass dem jedoch nicht immer so gewesen ist, darauf deutet ausser dem Namen Condé auch eine Urkunde vom Jahre 1230 mit aller Bestimmtheit hin, in der ein Weinberg „selonc la Soievigne a Condey" namhaft gemacht wird. Da nur ein einziger Flurname genannt ist, lässt sich natürlich nicht bestimmen, ob der Ort zur Zeit noch französisch redend war. Aber als wahrscheinlich kann man dies immerhin annehmen, und als vollständig sicher ergiebt sich, dass Condé einmal französisch redend war. So setzt sich die später rein deutsche Gemeinde Condé-Northen aus zwei hinsichtlich ihrer ursprünglichen Nationalität verschiedenartigen Bestandteilen zusammen. Denn ebensowenig wie an dem romanischen Ursprung von Condé lässt sich an dem deutschen von Northen (Northeim) zweifeln.

Das zwischen deutschen Ortschaften gelegene und von ihnen fast umschlossene Thicourt zeigt 1420 noch keine Spur deutscher Einwirkung in seiner ausschliesslich französischen Flurbenennung. Auch 1512 und 1525 genannte Flurnamen sind durchaus französisch. Erst ein in französischer Sprache abgefasstes Weistum von 1551 zeigt wenige deutsche Familiennamen. Man hat durchaus den Eindruck, es mit einer überwiegend französischen Ortsbevölkerung zu thun zu haben. 1550 allerdings zeigen sich zum erstenmal zwei deutsche Flurnamen.

Da auf einmal ein geradezu überraschender Umschwung! Ein Grundbesitzverzeichnis vom Jahre 1580 ist überreich an deutschen Flurnamen, denen allerdings noch eine starke Minderheit französischer gegenübersteht. Aber dass zur Zeit die herrschende Sprache des Ortes die deutsche war, lässt sich gar nicht bezweifeln.

Wie war die Germanisation in so beispiellos kurzer Zeit möglich? Bis 1525 keine Spur deutscher Bevölkerung; 1551 sicher noch überwiegend französisch, gewährt der Ort in seiner Flurbenennung von 1580 den Anblick eines längst verdeutschten Gemeinwesens. Und dabei kann die deutsche Einwanderung gar nicht sehr erheblich gewesen sein, denn die Zahl der französischen Familiennamen überwiegt noch ganz entschieden diejenige der deutschen.

Das allerdings ist nicht zu verwundern, dass dieser Ort germanisiert wurde. Im Gegenteil, bei seiner tief zwischen die deutschen Gemeinden vorgeschobenen Lage hat er seine romanische Nationalität überraschend lange zu behaupten gewusst. Aber woher der geradezu plötzliche Wechsel der Nationalität?

Auch dieser kann sich nur aus der eigentümlichen Lage des Ortes erklären. Auf drei Seiten an deutsch redende Nachbarn angrenzend, beherrschten die Bewohner von Thicourt gewiss schon lange beide Sprachen. Dass die örtliche Sprache die französische war, kann nicht bezweifelt werden angesichts der Flur- und Familiennamen. Aber vom französischen Sprachgebiet nahezu abgeschnitten, musste man sich im Verkehr nach aussen fast immer der deutschen Sprache bedienen. So war die Zweisprachigkeit gewissermassen eine Lebensbedingung für diesen Ort; und in ihm hatte die deutsche Sprache schon eine bedeutsame Stellung errungen, ehe sich noch Deutsche in grösserer Zahl dort niedergelassen hatten.

Wenn dergestalt schon seit längerer Zeit im Orte gewissermassen ein Gleichgewichtszustand zwischen dem einheimischen Französischen und dem Deutschen als Sprache des nachbarlichen Verkehrs geherrscht haben musste, so ist es klar, dass es keiner massenhaften Einwanderung Deutscher bedurfte, um unserer Sprache das Uebergewicht über die einheimische zu verleihen. Da die eingewanderten Deutschen eine Bevölkerung vorfanden, die neben ihrer französischen Muttersprache des Deutschen mächtig war, so waren sie der Mühe überhoben, sich die Sprache der Einheimischen anzueignen. Sie konnten sich mit ihnen auf deutsch verständigen; und so wurde das als Sprache des äusseren Verkehrs schon vertraute Deutsch mit der deutschen Einwanderung auch Sprache des inneren, örtlichen Umganges. Und damit war das Schicksal der französischen Sprache in Thicourt besiegelt.

Um die Germanisation genauer zu datieren, so muss dieselbe nach obigen Mitteilungen zwischen 1550 und 1580, und zwar näher an ersterer Zahl, vollendet worden sein. Etwa das Jahr 1560 dürfte die Entscheidung gebracht haben. — Das ist die späteste Germanisation in Lothringen. Sie vollzog sich zu einer Zeit, in der schon an manchen Stellen das Deutschtum ins Schwanken gekommen war und hier und dort der bevorstehende grosse und allgemeine Rückgang des deutschen Besitzstandes in Lothringen seine Schatten voraus warf.

Von dem weiter südlich gelegenen Chicourt steht mir zwar ein reichhaltiges, leider aber sehr spätes Flurnamenmaterial (erst von 1584 an) zu Gebote. Und gerade bei diesem Orte wäre es erwünscht, auf Grund weiter zurückreichender Aufzeichnungen einen Blick in die früheren Jahrhunderte thun zu können.

Die seit 1584 mitgeteilten Flurnamen sind deutsch und französisch gemischt. — Wie erklärt sich das? — Sind die französischen Formen die neueren oder sind es die deutschen? Mit anderen Worten: War der Ort ursprünglich deutsch und die zahlreichen 1584 in seinem Gebiete vorhandenen französischen Flurnamen etwa die Folge einer im Laufe der Zeit eingetretenen Romanisierung? Oder bilden die französischen Flurnamen den ursprünglichen Bestand des anfänglich romanischen Ortes, in welchem die deutschen Flurnamen erst durch eine spätere Germanisation Fuss fassten, ohne jedoch die ursprünglichen romanischen vollständig zu verdrängen? Dass es sich gegenwärtig (1584) thatsächlich um einen in der Romanisierung begriffenen oder vielleicht schon völlig romanisierten Ort handelte, dafür haben wir ein sicheres Zeugnis (vgl. Abschn. I unter Chicourt anno 1551) anderer Art. Aber wird damit das Problem gelöst oder auch nur vereinfacht? — Das geht allerdings aus dem erwähnten Zeugnisse mit unabweisbarer Sicherheit hervor, dass der Ort deutschredend gewesen sein muss; ob er dies indessen von Anfang an war, wird man auch das ohne weiteres aus dem Polizeireglement von 1551 schliessen können?

Wenn dies Reglement die Mitteilung enthält, dass die Gerichtssprache in Chicourt „de toutte anciennete" die deutsche gewesen sei, so wird sich bald bei Besprechung Marsals zeigen, welche Bedeutung derartigen Angaben beizumessen ist. Was es mir unwahrscheinlich macht, dass die deutsche Nationalität, die sicher zeitweilig in Chicourt geherrscht hat, dort die ursprüngliche gewesen sei, ist einmal das starke Vorwiegen der französischen Flurnamen. War bis zum Jahre 1551 die örtliche Gerichtssprache die deutsche, so kann auch im Jahre 1584 die romanisatorische Bewegung erst von verhältnismässig kurzer Dauer gewesen sein.

Bei Ennery und anderen Orten haben wir gesehen, wie allmählich bei einem nationalen Wechsel die Flurnamen der siegreichen Sprache auf dem neuen Boden Fuss fassen, wie sie noch lange Zeit die Minderheit darstellen, während die Nationalität, welche sie erschaffen hat, bereits im Orte überwiegt oder es schon zur Alleinherrschaft gebracht hat. In Chicourt sehen wir dagegen zu einer Zeit, in der die Romanisierung vielleicht soeben abgeschlossen war, die romanischen Flurnamen nicht nur in überwiegender Zahl, sondern auch in Formen, die sich sonst nur da finden, wo es sich um eine altbefestigte romanische Bevölkerung handelt, wie z. B. „on Rayeux, sur les Abowes, ez Savellons, au dessus du Cugnot, en la Roze".

So wird das Problem immer verwickelter, und es entsteht jetzt die Frage: Ist es möglich, dass in Chicourt die deutsche Sprache erst durch Verdrängung der ursprünglichen romanischen zur Herrschaft gelangt ist? Kann diese Frage bejaht werden, so hat die grosse Zahl französischer Flurnamen um 1584 nichts Auffälliges mehr. Denn dann ist es möglich, dass sich einige alte romanische Formen während der Herrschaft der deutschen Sprache erhalten, dieselbe überdauert und in der zweiten französischen Periode mit den neu entstandenen Namen ihrer Art schon so bald den deutschen gegenüber die Mehrheit gebildet haben.

Dass in absehbarer Zeit mehrere Wechsel der Nationalität in Chicourt angenommen werden müssten, spricht nicht gegen diese Lösung. Denn bei der Lage dieses Ortes sind sie sehr erklärlich und stehen in Lothringen nicht allein da. In kurzem werden wir bei Marsal genau dieselben Wandelungen beobachten, und auch in Ennery und den benachbarten Ortschaften haben sie stattgefunden; die Untersuchung ist dort nur nicht bis zum letzten Wechsel, bis zur Reromanisierung fortgeführt worden.

Noch ein weiterer Umstand spricht für ursprünglich romanische Nationalität: Für den Ort, der sicher eine Zeitlang deutschredend war, lässt sich kein deutscher Name auffinden. Der Name Chicourt weist auf ursprünglich romanische Bevölkerung hin, weil der Gattung der „Weilernamen" angehörig, für die ich an anderer Stelle (Deutsche und Keltoromanen, Kapitel I, dazu unten Abschn. VI) den Beweis keltoromanischer Herkunft erbracht zu haben glaube. Gegenwärtige Untersuchung hat daher auch die Bedeutung einer Probe auf meine Beweisführung.

Den weiteren Aufschluss gewährt wiederum das Polizeireglement von 1551. Die in ihm verfügte Aufhebung der deutschen Gerichtssprache gründet sich zum Teil auf das eigenartige Verhältnis, in dem Chicourt zu Rémilly stand. Man pflegte die deutschen Prozessakten ins Französische zu übersetzen, um in Rémilly sich Rats zu erholen und dort das Urteil zu sprechen. Dies wurde dann wieder für Chicourt aus dem Französischen ins Deutsche übersetzt. In der That ein sehr umständliches und kostspieliges Verfahren! Wie kam es nur, dass Chicourt gerade zu dem französisch redenden Rémilly in dieser gerichtlichen Abhängigkeit stehen musste? grenzte es doch unmittelbar an deutsche Ortschaften, in denen derselbe Zweck auf viel billigere und einfachere Art erreicht werden konnte! Aus freier Wahl wird ein deutsch redender Ort auf keinen Fall einen romanischen zu seiner höheren Gerichtsinstanz genommen haben, besonders wenn deutsche Orte in genügender Menge in der Nähe gelegen waren. Warum wandte sich z. B. Chicourt nicht an Mörchingen? Dies war 1. deutsch redend, 2. nicht so entfernt wie Rémilly, und 3. als Sitz eines lothringischen Amtes sicher nicht unbedeutender als dieses. Es wäre daher aus mehr als einem Grunde weit natürlicher gewesen, wenn Mörchingen einem deutschen Chicourt gegenüber in gerichtlicher Beziehung die Rolle von Rémilly gespielt hätte. Wenn sich daher ein deutsch redendes Chicourt in dies mit so vielen Umständen verbundene Abhängigkeitsverhältnis zu Rémilly begeben hat, so kann es dies nicht freiwillig, sondern nur irgend einem äusseren Zwange folgend, gethan haben.

Dass ein solcher hier im Spiele gewesen sein sollte, darf man von vornherein als unwahrscheinlich bezeichnen. Zu welchem Zwecke hätte man ein deutsch redendes Chicourt in gerichtliche Abhängigkeit zu dem romanischen Rémilly bringen sollen? Man darf sich hier nicht durch die aus den Nationalitätskämpfen unserer Zeit hervorgegangenen Verhältnisse irreführen lassen. Heute sind derartige Zusammenlegungen der Nationalität nach verschiedener Bestandteile keine Seltenheit mehr; sie geschehen sogar planmässig und haben den Zweck, der einen Nationalität Gelegenheit zu geben, sich auf Kosten der anderen auszudehnen. Eine solche Nationalitätspolitik war im Mittelalter durchaus unbekannt. Und vollends in Lothringen, das von Anfang an sprachlich geteilt neben einem überwiegenden Romanentum doch recht ausgedehnte deutsch redende Bezirke enthielt, ist eine bewusst romanisierende Politik für die Zeit des Mittelalters völlig ausgeschlossen.

Hier hatte die Eigenart der nationalen Besitzverhältnisse schon frühzeitig zu einer gegenseitigen Duldung der beiden Nationalitäten geführt, deren Charakter am besten illustriert wird durch die Thatsache, dass im Herzogtum Lothringen eine bailliage d'Allemagne bestand, ein besonderer Verwaltungsbezirk, zu dem alle deutsch redenden Bestandteile des Herzogtums vereinigt waren, und in dem die offizielle Sprache die deutsche war [1]).

So war wenigstens von seiten des Herzogtums alles geschehen, um die unvermeidlichen Reibungen der Nationalitäten an der Sprachgrenze auf das geringste Mass zu beschränken. Und wenn trotzdem im Laufe des Mittelalters Verschiebungen des nationalen Besitzstandes in Lothringen stattgefunden haben, so sind staatliche Faktoren dabei in keiner Weise beteiligt gewesen. In Bezug auf das Herzogtum Lothringen ist dies schon deswegen ausgeschlossen, weil diese Verschiebungen durchgehends in einer für das Deutschtum günstigen Richtung erfolgten: der überwiegend französische Staat hätte — wenn überhaupt — sicherlich in anderem Sinne eingewirkt.

Diese nationale Duldsamkeit herrschte während des Mittelalters nicht nur im Herzogtum Lothringen. Weit wichtiger für das hier in Frage kommende niedere Gerichtswesen ist es, dass in dem bunten Gewimmel der Territorien und Lehensherrschaften Lothringens nach denselben Grundsätzen verfahren wurde. Der oben (in Abschn. I) unter Argenchen mitgeteilte Fall darf für Lothringen als typisch betrachtet werden.

Das zeitweilig verödete Argenchen (Arriance) war nach der Mitte des 15. Jahrhunderts von Heinrich von Warsberg mit neuen Ansiedlern französischer Nationalität besetzt worden. In die 1477 zwischen diesem und den Ansiedlern vereinbarte Gemeindeordnung wurde die Bestimmung aufgenommen, dass Streitigkeiten der Ortsbewohner untereinander vor dem Gerichte in Argenchen entschieden werden sollten. Bei schwierigen Fällen sollten die Schöffen indessen sich Rats erholen „an den nesten nacheberen dorffern, scheffen und gerichten zu yrer tzungen und spraichen".

Als das allein Bestimmende bei der Wahl der gerichtlichen Instanz, die Chicourt gegenüber Rémilly darstellte, wird hier mit aller Deutlichkeit die Sprachgemeinschaft bezeichnet. Und das ist zugleich das allein Naturgemässe.

Um also die Summa zu ziehen, so ist ein äusserer Zwang, welchem nachgebend Chicourt seine höhere Gerichtsinstanz in Rémilly gesucht und gefunden hätte, nach obigem für die Zeit des Mittelalters in Lothringen ausgeschlossen, und dies um so mehr, als in territorialer Beziehung zwischen beiden Orten durchaus kein Zusammenhang be-

---

[1]) Eine eingehende historische Untersuchung über die baillage d'Allemagne Lothringens wäre eine sehr dankbare Aufgabe und besonders gegenwärtig interessant im Hinblick auf die Zustände des ebenfalls seit Jahrhunderten zweisprachigen Böhmen. Der nationalen Abgrenzung der Verwaltungsbezirke, die unsere dortigen Stammesgenossen noch immer nicht durchzusetzen vermochten, erfreuten sich die Deutschen des Herzogtums Lothringen schon vor 600 Jahren und vielleicht noch früher. — An einer lohnenden Ausbeute würde es bei der Reichhaltigkeit des Archivs zu Nancy nicht fehlen.

steht. Hatte also Chicourt freie Hand — und das war sicher der Fall, da es sich hier nicht im eigentlichen Sinne um eine höhere Instanz handelt, sondern um ein freundnachbarliches Umratfragen, aus dem sich mit der Zeit ein fester Brauch entwickelte —, so hätte es sich, wenn deutsch redend, sicherlich nicht an das romanische Rémilly gewandt. Diese Aufstellung bedarf kaum der Stütze durch den Hinweis auf die oben mitgeteilten grossen Umstände und Kosten, die eine gerichtliche Abhängigkeit von einem romanischen Orte für eine deutsch redende Gemeinde mit sich bringen musste. Wenn eine deutsche Gemeinde sich Rats erholen muss, so wendet sie sich naturgemäss zunächst an ihre Stammesgenossen, besonders wenn sie diese in so unmittelbarer Nähe vorfindet, wie es bei Chicourt der Fall war. Bestanden die oben geschilderten Verkehrsschwierigkeiten zwischen beiden Orten von vornherein, so würde Chicourt — falls es sich überhaupt unter den Umständen an Rémilly gewandt hätte — wohl bald nach einer billigeren Quelle des Rats ausgeschaut und eine solche mit Leichtigkeit in seiner deutschen Nachbarschaft gefunden haben. Dies feste Verhältnis zu dem noch dazu in territorialer Beziehung fremden Rémilly würde sich dann auf keinen Fall ausgebildet haben. — Dass dies geschah, ist ein Beweis dafür, dass Chicourt anfänglich romanischer Nationalität war.

Mit diesem Ergebnisse verschwindet alles das, was vorher schwer erklärlich und widerspruchsvoll erschien. Dass ein französisch redendes Chicourt sich bei dem sprachverwandten Rémilly Rats erholte, ist ganz naturgemäss. — Chicourt muss lange Zeit ein romanisch redender Ort geblieben sein, denn als endlich die deutsche Sprache in ihm zur Herrschaft gelangte und sich auch des örtlichen Gerichtes bemächtigte, war das Verhältnis zu Rémilly schon in dem Masse befestigt, dass das Schwinden des einzigen Grundes, dem es sein Entstehen verdankte, nicht seine Lösung herbeizuführen vermochte. Der gerichtliche Verkehr mit Rémilly hatte sich zu einem festen örtlichen Brauche ausgestaltet, und es ist bei der Zähigkeit, mit welcher nicht nur die ländliche Bevölkerung am Althergebrachten festhält, vollkommen begreiflich, dass dieser Brauch bestehen blieb, nachdem die Grundlage, auf der er erwachsen, geschwunden war. Lieber half man sich mit mehrfachen Uebersetzungen bei jedem einzelnen Falle, als dass man das nunmehr jedes thatsächlichen Grundes entbehrende und im höchsten Grade unpraktische, aber durch ein altes Herkommen geheiligte Verhältnis gelöst hätte. Und so bestand es weiter und konnte noch die Herrschaft der deutschen Sprache in Chicourt überleben.

Nur bei einer solchen Entstehungsart kann man begreifen, dass ein so lästiges Verhältnis von der Bevölkerung geduldig ertragen wurde. Dass sie jedoch ein solches bei ursprünglich vorhandener Sprachverschiedenheit und trotz der territorialen Trennung eingegangen wäre, erscheint ganz undenkbar.

Dass es sich hier thatsächlich um das Gebiet eines zeitweiligen Vordringens der deutschen Sprache handelt, dafür spricht auch mit aller Entschiedenheit der Umstand, dass sich in dem nach Nordwesten zu benachbarten Lucy im Jahre 1518 unter sehr zahlreichen Flurnamen ein einziger ausgesprochen deutscher findet: „la Caymatte". Um den Rest einer einst allgemeinen deutschen Flurbenennung kann es sich in diesem ohne Zweifel keltoromanischen Orte unter keinen Umständen handeln, auch kann der Name nicht aus der deutschen Nachbarschaft erklärt werden bei der verhältnismässig grossen Entfernung ursprünglich deutscher Siedelungen. Er kann daher nur durch ein Vorwärtsschieben deutscher Volkselemente auf diesen sonst durchaus romanischen Boden übertragen worden sein. Wenn dergestalt auch Lucy einer immerhin merklichen Beeinflussung in germanisatorischer Richtung ausgesetzt gewesen ist, so kann doch als sicher angenommen werden, dass hier niemals die Germanisation einen Erfolg erzielte, der dem in Chicourt auch nur annähernd gleich gekommen wäre.

In Chicourt gelangte die deutsche Sprache zur Herrschaft, aber in Lucy kam es nur bis zu einer Vorbereitung der Germanisierung, die infolge des hier so früh beginnenden Rückganges des Deutschtums nicht zur Vollendung gedeihen konnte. Wann in Chicourt das Deutsche die herrschende Sprache wurde, lässt sich aus den über diesen Ort verfügbaren Materialien nicht ersehen. Es darf vermutet werden, dass es nicht vor dem entsprechenden Ereignis in dem jetzt zu behandelnden unfernen Burlioncourt geschah.

In diesem Orte finden sich nur noch geringe Spuren der alten romanischen Flurbenennung, so im Jahre 1216 in lateinischer Urkunde „Rosatum", 1304 „la Vanne". Ersteres findet sich wieder als Rozat, Rosat, Rousat, Rouzat in den Ortschaften Ley, Lezey und Avricourt, letzteres als Vanne oder Venne im Gebiete von Metz und in Dornot, südlich Metz an der Mosel.

Wenn dem gegenüber ein Verzeichnis vom Jahre 1323 schon ausschliesslich deutsche Formen zeigt, so ist anzunehmen, dass solche unter allen Umständen auch 1304, vielleicht sogar schon 1216, vorhanden waren. Die Zeit der Germanisation von Burlioncourt wird daher bis zum Beginne des 13. Jahrhunderts zurückverlegt werden müssen.

Grössere Veränderungen im Besitzstande der Nationalitäten haben im Gebiete der Seille stattgefunden, von denen sich einige noch genau erkennen lassen. In dem Güterverkauf von Clairvaux an Salival vom Jahre 1306[1]) herrschen in der Gegend von Dürkastel und Beringen entschieden die deutschen Namen, aber gleich südlich von diesen Orten beginnen die französischen Benennungen „az Correz, en Varnes".

Die nach Süden zu sich anschliessenden St. Médard und Bathélémont (Bettemberg) zeigen übereinstimmende Verhältnisse. Ein auf beide Orte bezügliches Grundstückverzeichnis vom Jahre 1461 lässt die deutsche Sprache in unbestrittener Herrschaft erscheinen, aber neben den überwiegenden deutschen Flurnamen finden sich immer noch Formen wie „en Auroy", der häufig vorkommende Wiesenname „Prattel", die auf die ehemalige Herrschaft romanischer Sprache hinweisen. Auch „Vontel" dürfte romanischen Ursprungs sein. Die beiden letztgenannten Namen kommen noch 1524 in dem deutschen Grundbuch des Hofes St. Médard vor.

---

[1]) Vgl. S. 450 [44].

Dagegen scheint 1258 die französische Sprache in St. Médard wenn auch nicht geherrscht, so doch noch lebendig gewesen zu sein. Der einzige aus diesem Jahre überlieferte Flurname „Bellart" ist französisch, und eine örtliche Naturalabgabe wird in lateinischer Urkunde mit der französischen Bezeichnung „oblie" belegt. Wenn aber seit 1316 sich die deutschen Flurnamen schon in hohem Grade bemerkbar machen, so muss man auch für das Jahr 1258 wohl schon ein Ueberwiegen der deutschen Bevölkerung im Orte annehmen, die bald darauf die Germanisierung vollendete.

Etwas später setzt die germanisatorische Bewegung in dem westlicher gelegenen Marsal ein. Im 13. Jahrhundert sind hier die Spuren deutscher Bevölkerung noch sehr geringe. Eine Aufzählung von Maire, Schöffen, sowie einigen namhaften Bürgern vom Jahre 1295 zeigt noch keinen deutschen Namen. Die sicher schon vorhandene deutsche Beimischung war also noch nicht stark genug, um Einfluss auf die örtliche Verwaltung ausüben zu können. Dass sie indessen schon nicht mehr ganz gering gewesen sein kann, beweist die aus dem Jahre 1296 überlieferte deutsche Benennung einer städtischen Lokalität („Vrohwinkel").

In Bezug auf ländliche Namen dagegen blieb die deutsche Sprache in Marsal noch lange im Rückstande. Ein sehr ausführliches Zinsverzeichnis von 1346 enthält neben überwiegenden französischen Personennamen eine immerhin nennenswerte Zahl deutscher. Aber von den zahlreichen Flurnamen ist nur ein einziger deutsch: „vigne en Xuceborne". Mehr in den Vordergrund treten die deutschen Flurnamen erst mit dem 15. Jahrhundert. Die Germanisierung kann also erst während der zweiten Hälfte des 14. zum Abschlusse gekommen sein.

Es ist daher ersichtlich, in wie hohem Grade die das Deutschtum fördernde Haltung[1] der beiden Metzer Bischöfe deutscher Nationalität, Konrad Beyers von Boppard und Georgs von Baden (1415—1457 und 1457—1484), zur Behauptung des Erfolges der deutschen Sprache in Marsal beigetragen haben muss. Wenn trotz der zahlreichen Deutschen, die, durch ihre Begünstigungen angelockt, sich in Marsal und Vic niederliessen, schon im Jahre 1548 das deutsche Uebergewicht in Marsal wieder verloren gegangen war, so dürfte die Reromanisation ohne diese bischöfliche Wirksamkeit gewiss schon früher eingetreten sein.

Also kaum zwei Jahrhunderte hat die deutsche Sprache in Marsal geherrscht. Und wenn Bischof Johann 1548 bei Aufhebung der deutschen Gerichtssprache in Marsal diese als „de tout temps et anciennete" herrschend bezeichnet, so kann man hier noch deutlicher als oben bei Chicourt erkennen, wieviel auf derartige urkundliche Mitteilungen zu geben ist.

Jetzt wird es auch erklärlich, dass trotz der seit Konrad Beyer von Boppard in der bischöflichen Kanzlei geübten Praxis, die deutsche oder französische Urkundensprache gemäss dem Besitzstande der Nationalitäten anzuwenden[2], nach Marsal in der Regel in französischer

---

[1] Vgl. Diss. Kap. I u. III.
[2] Vgl. Diss. Kap. I.

Sprache geurkundet wurde. Dieser Ort war von jeher romanisch gewesen und seine Germanisierung ganz neuen Datums. Dabei waren sicher immer noch romanische Elemente im Orte vorhanden, und so war der nationale Wechsel, der sich hier vollzogen hatte, in der öffentlichen Meinung des Landes noch gar nicht zur Geltung gekommen.

Am Schicksal Marsals nahmen die benachbarten Ortschaften St. Martin und Harraucourt teil; auch in ihnen zeigen sich im 15. Jahrhundert deutsche Flurnamen. Vielleicht auch das südlich gelegene Recourt, in dem 1428 der deutsche Flurname „Strüncke" auftritt.

In Lezey finden sich neben überwiegenden französischen Bezeichnungen im Jahre 1476 „Struncke, Groszekeulle" und 1548 dazu „Langemade". Es ist jedoch nicht ausgeschlossen, dass diese Namen den benachbarten deutschen Ortschaften angehören, da sich beide Urkunden nicht streng an den Bann von Lezey binden. Dafür spricht auch der Umstand, dass das ausführliche Zinsverzeichnis der Kirche dieses Ortes vom Jahre 1521 keinen einzigen deutschen Flurnamen enthält.

Sicher dagegen hat eine Verschiebung zu Gunsten der deutschen Sprache stattgefunden in Bourdonnaye (Bortenach). Ein Besitzverzeichnis des Klosters Haute-Seille vom Jahre 1494 lässt die deutsche Sprache am Orte in uneingeschränkter Herrschaft erscheinen, und schon unter mehreren 1352 genannten Flurnamen überwiegen die deutschen Formen derart, dass die Germanisierung im Jahre 1350 sicher als abgeschlossen betrachtet werden darf.

So sehen wir ein allgemeines Vorwärtsschieben deutscher Bevölkerungselemente vom Beginne des 13. Jahrhunderts bis etwa zum Jahre 1560, seit der Mitte des 16. Jahrhunderts allerdings schon eingeschränkt und zum Teil in seinen Ergebnissen bedroht durch eine französische Gegenbewegung.

Bis etwa zum 10. Jahrhundert wurde die Kraft der linksrheinischen deutschen Kolonisation in Anspruch genommen durch die nächste Aufgabe der Assimilation der in ihrem Gebiete noch vorhandenen keltoromanischen Bevölkerungsbestandteile. Solange noch im Innern des deutschen Siedelungsgebietes lebensfähige romanische Gemeinwesen bestanden, deren Vorhandensein und uneingeschränkte Erhaltung eine stete Bedrohung der deutschen Kolonieen auf gallischem Boden in ihrem Rücken, eine bedenkliche Lockerung ihrer Verbindung mit der alten Heimat bedeutet hätte, war an eine weitere Ausdehnung des deutschen Siedelungsgebietes nach Westen nicht zu denken.

Die nächsten Jahrhunderte mussten der Konsolidierung der durch die Wanderung geschaffenen neuen Nationalitätsverhältnisse dienen. Sie sind daher in Anspruch genommen durch die Aufsaugung der im deutschen Siedelungsgebiete verbliebenen Keltoromanen. Etwa mit dem 10. Jahrhundert muss dies Werk zum Abschlusse gekommen sein, und dieser Abschluss bedeutete einen grossen Erfolg der fränkischen Kolonisation, denn bis auf wenige Ausnahmen waren sämtliche dichter gesäten fränkischen Siedelungen unserer Nationalität und Sprache erhalten geblieben; die in ihrer Mitte vorhandenen romanischen Elemente, sogar romanische Ortschaften an der Peripherie, waren der deutschen Sprache gewonnen, und nur die unrettbaren, über ganz Gallien zerstreuten fränkischen Volkssplitter durch ihr Aufgehen in die neuentstandene französische Nationalität dem Deutschtum verloren gegangen.

Damit war nach erfolgter Abklärung der erste Stillstand in den Nationalitätsverhältnissen Lothringens eingetreten. Die erste Sprachgrenze ist die vom Jahre 1000. Aber der Stillstand war nur von kurzer Dauer; bald begann eine neue Phase des Vordringens deutschen Volkstums. Nicht stürmisch und begleitet vom Klange der Waffen, wie in der Völkerwanderung, nicht ohne Rücksicht auf natürliche und politische Grenzen weite Gebiete mit einem Schlage an sich reissend und mit neuen Siedelungen bedeckend, sondern in aller Stille kleine Bruchteile der Bevölkerung durch die friedlichen Mittel des Kaufes oder der Pacht von einem Orte in einen anderen nicht zu entfernten schiebend, erweiterte diese zweite Phase den deutschen Sprachboden.

In ihr handelt es sich um die Ausdehnung eines zu voller Sesshaftigkeit gelangten und dem friedlichen Gewerbe des Ackerbaues huldigenden Volkes. Die Notwendigkeit, für die überschüssigen Kräfte der sich stark mehrenden Deutschen einen Boden der Bethätigung zu finden, bewirkte ein ganz allmähliches Hinübersickern deutscher Elemente in die benachbarten französischen Gegenden. Es sind durchaus Gründe wirtschaftlicher Art, welche diese im beschränktesten Sinne lokalen Wanderungen hervorgerufen haben.

Dass es sich hier keineswegs um einen an der Sprachgrenze summierten Ueberschuss der deutschen Volkskraft des linken Rheinufers handeln kann, das zeigen schon die geringen Ergebnisse dieser zweiten deutschen Vorwärtsbewegung. Man kann nicht einmal sagen, dass ganz Deutsch-Lothringen an den errungenen Erfolgen Anteil gehabt habe. Betrachtet man die auf die Herkunft der Einwanderer deutenden Beinamen, so findet man, dass ihre grosse Mehrzahl den Ortschaften der begrenztesten Nachbarschaft entstammt. Es sind also ganz lokale Bevölkerungsverschiebungen, wie sie auch im Innern des deutschen Sprachgebietes vorkamen, die hier durch ihr andauerndes Hinübersickern über die Sprachgrenze die romanischen Nachbargemeinden mehr und mehr mit deutschen Bestandteilen durchsetzten, um sie schliesslich vollends zu germanisieren.

Daher auch die grosse Langsamkeit des Fortschrittes. Waren auch die Ergebnisse dieser zweiten deutschen Ausdehnung hinsichtlich der für die deutsche Nationalität gewonnenen Bodenfläche gering, so sind sie doch insofern sehr wertvoll, als sie wiederum zeigen, wie sehr der Deutsche als Kolonist anderen Nationen überlegen ist. Das lediglich durch die wirtschaftlichen Wanderungen hervorgerufene Vordringen des Deutschtums auf der ganzen Linie, das seinem Ursprunge gemäss zwar langsam, aber mit einer imponierenden Sicherheit vor sich ging, ist ein neuer Beweis für die Dauerhaftigkeit unserer Nationalität, die hier ohne jede äussere Machtentfaltung lediglich durch das friedliche Mittel des wirtschaftlichen Wettstreites und gestützt auf ein ganz geringes Menschenmaterial ihr Gebiet auszudehnen wusste.

Auch hier war es wieder der deutsche Bauer, der am kräftigsten zur Hinausschiebung der Marksteine deutscher Sprache mitgewirkt hat. Ueberall, wo er nur erscheint, zeigen sich bald Spuren seines Daseins, indem Weinberge und Aecker Namen annehmen, die im seltsamsten Kontrast zu den sonstigen romanischen Benennungen stehen. Auf lothringischem Boden hat nur in Metz, Vic und Marsal eine deutsche Kolonisation städtischen Charakters stattgefunden. Aber in Metz stellte die deutsche Beimischung stets eine ganz geringe Minderheit der Bevölkerung dar, in Vic war sie verhältnismässig grösser, aber doch auch nur eine Kolonie; nur in Marsal hatte sie Erfolg, weil dieser Ort den deutschen Siedelungen näher lag, und vor allen Dingen, weil hier eine ländliche Kolonisation mit ihr Hand in Hand ging.

Die während der zweiten Phase deutschen Vordringens germanisierten Orte sind an der ganzen Länge der ehemaligen Sprachgrenze von der Mosel bis zum Donon zerstreut, hier und dort ein vereinzelter Ort, an anderen Stellen kleinere Gruppen von Nachbargemeinden. Es ist sehr natürlich, dass im allgemeinen da, wo ehedem das romanische Gebiet einen Vorsprung in das deutsche bildete, die grösseren Germanisationsgruppen zu finden sind. Wo die Sprachgrenze gradlinig verlief, fehlte der deutschen Ausstrahlung zu sehr die Möglichkeit der Konzentration. Da sie nicht durch Massen, sondern nur durch einzelne nach und nach hinüberwandernde Individuen wirkte, konnte sie hier nur schwer zur Geltung kommen; die tropfenweise hinübersickernden deutschen Elemente verschwanden spurlos im romanischen Meere.

Da hingegen, wo romanische Orte, wie z. B. Trémery und Flévy, einen Vorsprung bildeten, um den sich deutsche Orte im Bogen herumgruppierten, traf in ihnen die Ausstrahlung mehrerer deutscher Nachbargemeinden zusammen. Daher hat die deutsche Vorwärtsbewegung an solchen Stellen auch den grössten Erfolg gehabt. Wo die Sprachgrenze vom Jahre 1000 noch romanische Vorsprünge ins deutsche Gebiet zeigt, bilden sich durch die hier lokal summierten germanisatorischen Kräfte allmählich deutsche Vorsprünge, die ins romanische Sprachgebiet hineinragen. Auf die Weise wurden als letzte Etappen und äusserste Punkte des deutschen Vordringens Ennery (etwa 1425) und Marsal (etwa 1375) unserer Nationalität gewonnen.

Wenn somit als festgestellt gelten darf, dass diese beiden Orte die äussersten Punkte darstellen, bis zu denen sich das deutsche Sprachgebiet in langsamem Fortschreiten ausgedehnt hat, so sind mit diesem Ergebnisse die schon durch die Veröffentlichungen der letzten Jahre mehr als erschütterten Meinungen von einer einst grösseren Ausdehnung des deutschen Sprachgebietes, speziell von einem deutsch redenden Metz des Mittelalters[1]), endgültig abgethan.

Wenn Ennery vor dem Jahre 1425 und Marsal vor 1375 romanisch redend waren, so muss es schon durch die Richtung, von der das Germanentum wirkte, als völlig ausgeschlossen betrachtet werden, dass die südlicher oder westlicher gelegenen Ortschaften vor ihnen germanisch gewesen wären; auch wenn wir keine Beweise in Händen hätten, dass

---

[1]) Vgl. Deutsche und Keltoromanen, S. 89 ff.

sie es nicht waren. Und wenn beide Orte als äusserste Punkte im ausgehenden Mittelalter dem Deutschtum gewonnen wurden, das dann keine Fortschritte mehr machte, wenn sich südlich und westlich von ihnen — und speziell im pays Messin — in den vom 13. Jahrhundert an massenhaft erhaltenen Flurbenennungen keine Spur einer deutschen Nomenklatur erkennen lässt, wenn endlich die dürftigeren Materialien aus früherer Zeit bis zu den Anfängen der urkundlichen Ueberlieferung des Mittelalters zurück die romanische Ortsbenennung in diesen Gegenden als alleinherrschend erkennen lassen [1]), so leuchtet ein, dass das deutsche Sprachgebiet sich niemals über diese Punkte hinaus ausgedehnt haben kann.

Also auch diese Thatsachen führen wie jedes auf diesen Gegenstand gerichtete ernstere urkundliche Studium mit zwingender Notwendigkeit zu dem Ergebnisse, dass das Deutschtum in Metz zur Zeit des Mittelalters nur durch eine ziemlich schwache Kolonie vertreten gewesen sein kann.

---

[1]) Vgl. die Mitteilungen in Abschn. VI S. 509 [103] ff.

VI. Zur Nationalitätsbestimmung der „Weilerorte".

Als ich es vor einiger Zeit unternahm, die Nationalitätsverhältnisse Lothringens für die Zeit nach der Völkerwanderung darzustellen, waren es wesentlich andere Materialien, die ich meinen Untersuchungen zu Grunde legen musste. Schon aus dem Grunde, weil ich nicht annähernd über das Flurnamenmaterial verfügte, das mir heute zu Gebote steht, musste ich mich auf eine Untersuchung der Ortsnamen beschränken, deren Ergebnisse nur gelegentlich durch Flurnamen gestützt werden konnten.

Die entscheidende Wichtigkeit der „Weilerfrage" für die Auffassung der durch die Völkerwanderung geschaffenen nationalen Besitzverhältnisse Lothringens wie für die Entstehung des deutschen Sprachgebietes macht es notwendig, meine bisherigen Ergebnisse noch einmal an meinen neuen Materialien zu prüfen.

Auch die gegenwärtige Untersuchung wird auszugehen haben von den Ortsnamen. Und es mag mir gestattet sein, in aller Kürze an das bereits in einer anderen Schrift[1]) Ausgeführte anzuknüpfen.

Sollen die Ortsnamen eines Landes benutzt werden zu einer genaueren Feststellung seiner Nationalitätsverhältnisse in früherer Zeit, so kommt alles darauf an, dass sie — selbstverständlich mit Zugrundelegung der urkundlichen Formen — einer zweckmässigen Einteilung unterworfen werden.

Eingehendere Untersuchungen der lothringischen Nationalitätsfrage, die sich auf eine kritische Behandlung dieses entscheidenden Punktes einliessen, waren bis vor kurzem noch nicht vorhanden. Wer sich einmal vorübergehend und beiläufig mit dieser Frage beschäftigte, legte der Einteilung der Ortsnamen von vornherein die beiden Hauptabteilungen deutsch und französisch (bezw. keltoromanisch) zu Grunde. Und in diesen beiden Klassen wurde alles untergebracht, mochte es gut oder schlecht gehen, ohne dass man eine einigermassen eingehende Begründung für notwendig gehalten hätte.

So einfach liegen nun die Verhältnisse in Lothringen doch nicht, dass man Aussicht hätte, mit einem so oberflächlichen Vorgehen zum

---

[1]) Witte, Deutsche und Keltoromanen, Kap. 1.

Ziele zu gelangen. Zwar giebt es eine Menge Ortsnamen, bei denen sich auf den ersten Blick entscheiden lässt, ob sie germanischen oder romanischen Ursprungs sind. Aber bei einer ebenfalls sehr beträchtlichen Anzahl kann man diese Frage nicht ohne eindringende kritische Untersuchungen beantworten. Es dürfte daher methodisch mehr zu empfehlen sein, zwar auszugehen von den beiden Hauptabteilungen deutsch und romanisch, aber nicht von vornherein alles in ihnen unterzubringen, sondern ihnen nur diejenigen Namen zuzuteilen, die mit Sicherheit als zu ihnen gehörig erkannt werden können. Die Ortsnamen unbestimmter oder zweifelhafter Zugehörigkeit vereinige man vorläufig zu einer dritten Klasse, um ihre endgültige Zuteilung zu einer der beiden Hauptabteilungen von einer eingehenden Untersuchung abhängig zu machen.

Auf die Weise ergeben sich folgende Klassen: 1. Die Ortsnamen auf -ingen, -heim, -hofen, -dorf, -stadt, -burg, -bach, -born u. s. w. Die durch sie bezeichneten Siedelungen sind germanischen Ursprungs.

2. Die Namen auf -acum, -iacum (Remiliacum = Rémilly, Moguntiacum = Mainz, Nanceiacum = Nancy), -agus (Numagen, Remagen, Noviomagus = Nymwegen), -dunum (Liberdunum = Liverdun, Verdun), -etum (Nugaretum = Norroy). Diese Formen sind schon vor der Völkerwanderung vorhanden. Es sind die keltoromanischen Ortsnamen vorgermanischer Entstehung. — Es bleiben übrig

3. die Namen auf -villare (Audonevillare, Bruningovillare) deutsch -weiler, französisch -villers, -villa (Papolivilla = Plappeville, Ernaldovilla = Arnaville), -curtis (Bertaldocurtis), -masnil (Sarmanmasnil = Sermaménil), -mons (Romaricimons = Remiremont).

Zunächst drängt sich die Frage auf: Ist es nur Zufall, dass gerade diese Formen übrig bleiben, um in Klasse 3 vereinigt zu werden, oder besteht zwischen ihnen vielleicht ein gemeinsames Band, das eine zusammenfassende Behandlung ermöglicht?

Und in der That, es findet sich so manches Gemeinsame. Einmal treten die unter 3 vereinigten Namensformen erst nach der Völkerwanderung auf. Weiter stimmen sie in der Form überein, indem bei Kompositionen das Bestimmungswort stets im ersten, das Grundwort im letzten Gliede steht, wobei das Bestimmungswort sehr häufig durch einen germanischen Personennamen gebildet und das Grundwort immer romanisch ist. Endlich ist auch das Ausbreitungsgebiet im Grossen und Ganzen allen unter 3 genannten Formen gemeinsam: Es umfasst den ehemals zum römischen Reiche gehörigen Teil Deutschlands und das nördliche Frankreich.

Die Zusammengehörigkeit dieser in Klasse 3 genannten Namensformen, für die ich nach dem uns bekanntesten Typus den Namen „Weilerklasse" eingeführt habe, ist schon früher erkannt worden. Jedem, der sich nur einigermassen eingehend mit lothringischen Ortsnamen beschäftigt, drängt sie sich mit unwiderstehlicher Gewalt auf. Wer erkannt hat, dass das deutsche -weiler (mundartlich -willer und in den deutschen Urkunden des ausgehenden Mittelalters -wilre) zurückgeht auf das spätlateinische -villare, der kann nicht mehr an dem einheitlichen Ursprung der deutschen -weiler und der französischen -villers zweifeln. Und von dieser Erkenntnis ist es kein weiter Schritt mehr zu der weiteren Einsicht, dass sich die -curtis, -masnil, -villa mit den -villare zu einer höheren Einheit zusammenfassen lassen, und dass sie zu gleicher Zeit, in demselben Gebiete und in formeller Uebereinstimmung untereinander auftretend, auch einen national einheitlichen Ursprung haben müssen.

Damit ist die für die Beurteilung der nationalen Besitzverhältnisse des frühen Mittelalters nicht nur in Lothringen, sondern an der ganzen deutsch-französischen Sprachgrenze entscheidende Frage gestellt: Sind die Weilernamen deutschen oder sind sie romanischen Ursprungs? Entweder das eine oder das andere! Einen Mittelweg, eine Teilung giebt es nicht, denn an der Einheitlichkeit ihres Ursprunges lässt sich nicht zweifeln.

Hinsichtlich der Klassen 1 und 2 liegen die Verhältnisse klar. Was über sie zu sagen ist, habe ich schon an anderem Orte[1]) mitgeteilt. Die Untersuchung kann sich also konzentrieren auf Klasse 3.

In der soeben angeführten Schrift habe ich den Beweis zu erbringen versucht, dass die Weilernamen romanischen Ursprungs sind. Es ist mir leider unmöglich, auf die einzelnen Punkte meiner früheren Beweisführung an dieser Stelle wieder einzugehen. Auf die Gefahr hin, das Gewicht meiner Gründe durch diese Teilung zu verringern, muss ich mich auf die allernotwendigsten Anknüpfungen beschränken.

Um indessen der Möglichkeit eines Missverständnisses so viel bei mir steht den Boden zu entziehen, sehe ich mich genötigt, auch hier wieder zu erklären, dass es sich bei der Bestimmung der Nationalität eines Ortes darum handelt festzustellen, welche Nation in seiner Bevölkerung die überwiegende Masse bildet. Wenn ich daher zu dem Ergebnisse gelange, dass die Weilerorte romanischen Ursprungs sind, so bedeutet dies lediglich, dass zur Zeit ihrer Entstehung in ihrer Bevölkerung das Romanentum entschieden überwiegend war. Die Möglichkeit einer geringen germanischen Beimischung ist — wie in keinem Orte des nordöstlichen Frankreichs — so auch in den Weilerorten selbstverständlich nicht ausgeschlossen. — Weiter verwahre ich mich dagegen, dass dem von mir häufiger angewandten Ausdruck „romanischer Ursprung der Weilernamen" irgend eine philologische Bedeutung untergeschoben wird. Er besagt entsprechend lediglich, dass diese Namen entstanden innerhalb einer romanischen Bevölkerungsmasse, ohne irgendwie Bezug zu nehmen auf ihre vom philologischen Standpunkt mehr germanische oder romanische Bildungsart.

Es sind vor allen Dingen philologische Kreise, die sich gegen die Annahme meiner Ergebnisse sträuben. Der Standpunkt derselben lässt sich kurz dahin formulieren: Die Weilernamen sind gebildet wie die germanischen Ortsnamen. Das genitivische Bestimmungswort steht voran und im zweiten Gliede das Grundwort, ganz wie in deutschen Namen, z. B. Hildesheim, Diedenhofen, denen Namen wie Arnaville, Alincourt, Emberménil u. a. genau entsprechen. Solche Bildungen sind unromanisch, und das genügt eigentlich schon, um ihren deutschen Ursprung zu beweisen.

---
[1]) Witte a. a. O.

Gut! Vollständig zugegeben, dass das Bildungsprinzip der Weilernamen ein unromanisches ist. Aber kann man daraus ohne weiteres folgern, dass ihr Ursprung ein deutscher ist, dass die Bevölkerung der so benannten Orte einst eine germanische war? Die Frage wird weiter unten ihre Beantwortung finden.

Das dürfte indessen wohl schon jetzt klar sein, dass mit einer so ablehnenden Behandlung einer nicht uninteressanten wissenschaftlichen Frage, wie ich sie eben als gewissen philologischen Kreisen eigentümlich gekennzeichnet habe, durchaus nichts gewonnen ist. Solche Töne könnten auch Vertreter der entgegengesetzten Meinung anschlagen, wenn ihnen die Förderung der Sache weniger im Vordergrunde stände, und z. B. entgegenhalten: Die Grundworte -villare, -villa, -masnil, -curtis sind nicht nur ungermanisch, sondern unzweifelhaft romanisch. Also können die mit ihnen gebildeten Ortsnamen nicht von Germanen herrühren. So steht die eine Meinung der anderen schroff gegenüber, und man kann nicht behaupten, dass die eine Begründung irgend etwas vor der anderen voraus hätte[1]). Es ist klar, auf dem Wege philologischer Betrachtung kann die Frage nicht entschieden werden. Wenn die Philologie auch sicher bei solchen Untersuchungen berücksichtigt werden muss, ein so greller Widerspruch kann nur durch eine Prüfung von anderem Standpunkte aus entschieden werden. Und es handelt sich darum, auf wessen Seite sich die jetzt im Gleichgewicht schwebende Wage nach unparteiischer Prüfung der einschlägigen Materialien neigen wird.

Schon in meiner letzten Schrift war es mir möglich, verschiedene aus Thatsachen gezogene Gründe beizubringen, die sämtlich für romanischen Ursprung der Weilernamen sprachen. Schon damals zeigte sich, dass der eigentliche Schlüssel der Frage in den Flurnamen zu suchen sei. Und wenn die Romanistik sich bereits eindringender mit diesem trotz seines Reichtums so ungebührlich vernachlässigten Sprachmaterial beschäftigt hätte, so würde heute wahrscheinlich eine Meinung hinsichtlich der Weilerfrage bestehen.

Es mag mir daher gestattet sein, unter Uebergehung der übrigen in meiner früheren Schrift angezogenen Beweispunkte mich gleich den Flurnamen zuzuwenden. Ich habe an anderer Stelle ausgeführt, dass die Weilernamen im nördlichen Frankreich bis an die Loire in so grosser Zahl und Dichtigkeit auftreten, dass man schon aus diesem Grunde ihren germanischen Ursprung nicht aufrecht erhalten kann. Denn wären alle Weilerorte einst germanisch gewesen, so müsste im nördlichen Frankreich eine dichte deutsche Bevölkerung in kompakten Massen gesessen haben.

Das ist aber durchaus unglaublich, denn 1. wie sollte der fränkische Stamm, der doch in seiner grossen Masse in der Rheingegend sitzen geblieben ist, über ein so ungeheures Menschenmaterial verfügt haben, mit dem so ausgedehnte Lande hätten erfüllt werden können? — Doch

---

[1]) Denn die Annahme, die Weilernamen seien entstanden durch Uebersetzung zu Grunde liegender deutscher Formen auf -heim, -dorf u. s. w., erweist sich als unhaltbar (vgl. Deutsche und Keltoromanen S. 36 ff. und in dieser Schrift weiter unten S. 523 [117] ff.).

nehmen wir an, der fränkische Stamm hätte dies Unglaubliche geleistet. Wie ist es aber dann 2. möglich, dass von diesen Massen fränkischer Bevölkerung so gar keine Spur übrig geblieben ist? Wie ist es dann erklärlich, dass sich die Sprachgrenze in Lothringen feststellt und nicht etwa in der Champagne, um von dort über Paris nach Nordwesten ziehend den Norden Frankreichs der germanischen Gesittung zuzuweisen? Auch bei einer solchen endgültigen Abgrenzung wären noch Gebiete dichter deutscher Siedelungen von ganz unwahrscheinlicher Ausdehnung romanisiert worden.

Darauf könnte man nur eine Antwort geben, nämlich die: Zwischen den Weilernamen finden sich noch überall keltoromanische Ortsnamen vorgermanischer Entstehung (Klasse 2). In ihnen hatte sich die eingeborene Bevölkerung erhalten. Von dieser ging auch die romanische Reaktion aus, die zur Verwelschung der deutschen Siedelungen Nordfrankreichs führte.

Gegen eine solche Erklärung liesse sich mit Recht einwenden, dass es auf dem jetzt deutsch redenden linken Rheinufer nach Ausweis der Ortsnamen Gegenden gegeben haben muss, in denen die romanische Bevölkerung der deutschen gegenüber einen weit höheren Prozentsatz darstellte als in ausgedehnten Teilen Nordfrankreichs (natürlich alles nur unter der Voraussetzung des germanischen Ursprungs der Weilernamen); und dass es sehr auffallend ist, dass die überwiegenden Germanen romanisiert wurden, während sie in der Minderheit befindlich nicht nur ihre Nationalität behaupteten, sondern sogar die Provinzialen germanisierten.

Trotz dieses berechtigten Einwandes soll auch auf diese' Erklärung eingegangen werden. — Mit den Ortsnamen lässt sich jetzt nicht weiter operieren. Für diese Frage sind sie verbraucht; es müssen also wie immer in solchen Fällen die Flurnamen in die Bresche treten.

Die Ortsnamen der Weilerklasse sind also als germanisch angenommen. Nun giebt es aber auch Flurnamen, die dieser Gattung angehören, weil zweistämmig mit einem genitivischen Bestimmungswort im ersten und romanischem Grundwort im zweiten Gliede. Wenn nun die Romanen keine Ortsnamen der Weilerklasse bilden können, so wird es sich mit den entsprechenden Flurnamen nicht anders verhalten. Auch die Flurnamen der Weilerklasse können nicht von Romanen herrühren. Damit ist ihr germanischer Ursprung genügend bewiesen. Orte, in denen Weilernamen als Flurnamen vorkommen, müssen also eine germanische Bevölkerung gehabt haben.

Jetzt gestatte man mir die Mitteilung einigen urkundlichen Materials über das Vorkommen der Weilerformen als Flurnamen: In Arraye im Kanton Nomény (Frankreich, Dép. Meurthe et Moselle) werden im Jahre 1331 genannt: „Morinmeis, Maikigneychamp, Savereypreit"; in Ars a. Mosel, südlich Metz, um die Wende des 13. zum 14. Jahrhundert „Vigneivaul, Roillonchamp, Theiriclo, Richairtchamp, Abelclo, Amentruyfoutenne, Witiernowe, Hainbelnowe, Griairtnowe"; in Alben (Aube, Kanton Pange, westlich Rémilly) im Jahre 1359 „Herbelpreit, Roucelpareit, Rouchairtchamps"; in Auboué (Frankreich, nordwestlich Ste. Marie-aux-Chênes) im Jahre 1396 „Mansielmont,

Gremalnowe, Hilleweypreis"; in Aulnois (Kanton Delme) 1302 „Gondalvigne, Chievremont"; in Bouxières-sous-Froimont (Frankreich, Dép. Meurthe et Moselle) 1360 „Rebnimmeis, Remoneypreit, Aubertfontenne", 1361 „Severienpreit, Baillonvigne, Bertrandchamp"; in Charly (Kanton Vigy) 1261 „Wandropreit", 1314 „Soillechamp, Willinchamp, Weirleypesse"; in Sablon bei Metz 1285 „Raibautmont"; in Dornot (südlich Metz) 1343 „Bernesalt, Retonchamp", 1404 „Houdriemont, Girmalchamp, Awairchamp"; in Fleury (Kanton Verny) 1332 „Waxonpreit, Howellinchamin", 1336 „Waltierchamp, Morainchamp"; in Lessy bei Metz 1338 „Boixonvigne, Menalclo"; in Leyr (Frankreich, Kanton Noményy) 1333 „Burneilangle, Carbonchamp, Frouquenprei", 1338 „Clemereychampz, Anelchamp, Wairaulpreit, Gremeilpreit, Gremalboix", 1365 „Jehanfontenne, Landrimaixeire, Remonval, Forkamprei; in Ste. Marie-aux-Chênes 1345 „s. Polpreit"; in Moivrons (Frankreich, Kanton Noményy) 1360 „Baizinpreis, Rehaymeiz, Girontmollin"; Norroy bei Metz 1330 „Bouligneyclos, Fermeiclos, vigne en Wychertclos lonc Xibat son oncle (!)"; in Pontoy (Kanton Verny) 1252 „Retonchamp, Lambertbairre, Sotteneiprei, Montoischamp, Richiermont"; in Puzieux (Kanton Delme) 1360 „Armengelchamp, Clairitchamp, Bacontreit"; in Rouvrois-sur-Othain (Frankreich, Dép. de la Meuse) 1359 „Juedyval, Renairthaige"; in Vaux 1361 „Domengevigne", 1403 „Remeymeix, Chienchampt"; in Vercly (abgegangener Ort bei Borny) 1385 „quinque jugerum seu jornalium terre existentium in Martini campo, gallice en Martinchamps". Allbekannt sind die Ortsbezeichnungen dieser Art in der Stadt Metz. Lokalnamen wie Fournirue, Jurue, Chèvremont, Nexirue (alte Form Nikecinruwe) u. a. m. lassen sich dort bis in die früheste Zeit der reichlicher fliessenden urkundlichen Ueberlieferung des Mittelalters nachweisen.

An diesen Beispielen mag es genug sein. Es wäre ein Leichtes, sie noch bedeutend zu vermehren. Es mag nur in Kürze darauf hingewiesen sein, dass schon in der frühesten Zeit unserer urkundlichen Ueberlieferung die Verhältnisse durchaus die gleichen waren. So heisst im Jahre 791 in Goin (südlich Metz „Gaunigas") eine Wiese „Simdultipratum" und in Jeandelize an der Orne 885 „in Theutero prato" [1]).

Bei der Auswahl dieser Beispiele habe ich absichtlich die Weilerorte unberücksichtigt gelassen — denn diese sind ja nach unserer Voraussetzung germanisch — und mich auf Orte durchaus keltoromanischen Namens beschränkt. Dieselben sind der Mehrzahl nach gelegen in der Umgegend von Metz, im sogen. pays Messin, in dem Ortsnamen vom Weilertypus ausserordentlich selten sind; einige noch tiefer im französischen Sprachgebiet, in den Départements Meurthe-et-Moselle und Meuse.

Auf Grund unserer obigen Annahme waren wir in Bezug auf die Nationalitätsverhältnisse Nordfrankreichs zu dem Ergebnisse gelangt, dass dichte Massen germanischer Einwanderer das Land erfüllten. Speziell die Weilerorte waren von ihnen bevölkert. Mit diesen im Gemenge lagen noch Orte keltoromanischen Ursprungs, in denen sich die eingeborene Bevölkerung behauptete.

---

[1]) Cartularium Gorziense (in der Metzer Stadtbibliothek) Nr. 31 u. 76.

Es fragt sich nun, ob dies Ergebnis den mitgeteilten Materialien gegenüber aufrecht zu erhalten ist. Und da zeigt schon der erste Blick, dass sich bedeutsame Verschiebungen vollzogen haben mussten. Der Typus der Weilernamen blieb nicht auf die germanischen Siedelungen beschränkt, er drang in Gestalt von Flurnamen massenhaft ein in die ursprünglich romanischen Ortschaften, deren Nationalität die Völkerwanderung überdauert hatte. In Welsch-Lothringen giebt es keinen Ort, in dem man nicht zahlreiche Flurnamen vom Weilertypus feststellen könnte. Und im übrigen nördlichen Frankreich dürfte es kaum anders sein.

Da nun romanisch redende Menschen solche Namenbildungen nicht zu Wege zu bringen vermögen, so kann diese Ausbreitung der Weilerformen nur die Folge gewesen sein von einer abermaligen Ausdehnung des germanischen Volkstums. Mit anderen Worten, bevor Flurnamen vom Weilertypus in den romanisch benannten Orten Galliens entstehen konnten, mussten diese germanisiert sein.

Das sind die Konsequenzen, zu denen die philologische Erklärung der Ortsnamen mit zwingender Notwendigkeit führt. Wer nicht zugestehen will, dass Weilernamen von einer romanisch redenden Bevölkerung geprägt werden konnten, und deswegen für sämtliche Ortschaften dieser Art eine germanische Bevölkerung zur Zeit ihrer Entstehung annimmt, der muss auch die übrigen Orte Nordfrankreichs für mit der Zeit germanisiert halten, denn in ihnen kommen die Weilerformen als Flurnamen vor.

So würde sich also durch die Germanisierung der Orte keltoromanischen Namens ein voller Umschwung der nationalen Verhältnisse Nordfrankreichs ergeben. Nicht mehr um allerdings sehr zahlreiche, aber doch mit romanischen vielfach durchsetzte germanische Siedelungen würde es sich handeln, sondern man könnte die Entstehung eines einheitlichen, geschlossenen deutschen Sprachgebietes im nördlichen Gallien nicht mehr bestreiten.

An dieser Konsequenz scheitert die Theorie des germanischen Ursprungs der Weilerorte. Vorher konnte man vielleicht noch glauben, es sei möglich, ein so plötzliches und radikales, man möchte sagen ruckweises Verschwinden des Deutschtums in Nordgallien. wie es aus der philologischen Auffassung hervorgeht, durch eine Reaktion der unter die Germanen gemischten Keltoromanen zu erklären. Jetzt aber, wo auf Grund derselben philologischen Auffassung die Germanisierung dieser eingesprengten Romanen und damit die Entstehung eines einheitlichen und ungemischten deutschen Sprachgebietes im nördlichen Gallien dargethan wurde, war eine Reromanisierung von innen heraus nicht mehr möglich. Denn das gallische Germanentum hatte sich ja durch Assimilation der eingesprengten Romanen zu einer kompakten und einheitlichen Masse verdichtet, die nur an der Sprachgrenze angreifbar sich bis auf den heutigen Tag behauptet haben würde.

Wer die Weilernamen für germanische Schöpfungen hält, kann nicht umhin die Konsequenz zu ziehen, dass Metz mit seiner ganzen Umgebung, dass ganz Welschlothringen und ein sehr bedeutender Teil von Nordfrankreich im frühen Mittelalter rein deutsches Sprachgebiet waren, denn ein grosser Teil der Ortsnamen gehört der Weilerklasse an; und die dieser nicht angehörigen zeigen Flurnamen vom Weilertypus. Diese Konsequenz genügt allein, um diese ganze Auffassung unmöglich zu machen. Trotzdem soll in der Beweisführung fortgefahren werden. In meiner letzten Schrift (Deutsche und Keltoromanen u. s. w.) habe ich schon aufmerksam gemacht auf eine andere Thatsache, die mit derselben Entschiedenheit gegen den germanischen Ursprung der Weilerorte spricht. Mag man den Deutschen in Bezug auf die Fähigkeit, Ortsnamen in fremden Sprachen zu bilden — worauf es doch schliesslich bei den Weilernamen hinausläuft — zutrauen so viel man Lust hat, so kann man doch jedenfalls das nicht bestreiten, dass es ihnen nun einmal nicht abzugewöhnen ist, auch in fremdnationaler Umgebung dann und wann die eigene Sprache zur Bildung von Ortsnamen zu verwenden. Ueberall wo Deutsche sich in selbständigen Siedelungen niedergelassen haben, finden sich die altvertrauten Ortsnamen auf -heim, -hausen, -dorf, -feld, -bach u. s. w. Auch auf dem linken Rheinufer, wo die Germanen doch lange Zeit bunt gemischt mit den Wohnsitzen der eingeborenen Romanen ihre Siedelungen errichteten, sind sie von dieser alten Gepflogenheit nicht abgewichen.

Warum sind sie ihr denn in Gallien auf einmal untreu geworden? Diese eigentlich deutschen Ortsnamen schneiden ganz plötzlich mit einer haarscharfen Linie ab, die von Bergheim (Brehain) über Rosslingen, Maringen, Talingen, Hessingen, Northeim (Condé-Northen), Niederheim, Dalheim, Obreck, Widelingen, Lascemborn zum Donon verläuft. Jenseits derselben kommen die Weilernamen noch in grossen Mengen vor, aber die unzweifelhaft deutschen nur noch ganz vereinzelt.

Wenn nun die Germanen in Welsch-Lothringen und in ganz Nordfrankreich in so dichten Massen sassen, warum haben sie dann keine entsprechende Menge deutscher Ortsnamen erzeugt? Wenn sich die deutsche Bevölkerung — wie man auf Grund der Weilernamen annehmen sollte — gleichmässig und ungemindert weit über die eben gezeichnete Linie hinaus erstreckte, warum brechen dann mit ihr auf einmal die rein deutschen Ortsnamen auffallend schroff und ohne jeden vermittelnden Uebergang ab?

Eine Analogie zu diesen Verhältnissen zeigen die Flurnamen, und sie ermöglichen eine noch weit anschaulichere Darstellung des Sachverhaltes, weil die durch sie gelieferten Beispiele durch den eng umschliessenden Rahmen der Oertlichkeit erheblich an Klarheit gewinnen. Oben hatten wir eine Anzahl von Flurnamen der Weilerklasse aus Ortschaften keltoromanischen Namens zusammengestellt. Nun, wir werden uns gern zu der Meinung mancher Philologen bekehren lassen und mit ihnen glauben, dass diese Flurnamen von Deutschen geschaffen wurden, wenn man uns nur nicht zumutet, sie selber als Beweismaterial dafür anzuerkennen. Es giebt ja in der Flurbenennung Frankreichs Formen genug, die nicht dem Weilertypus angehören; möge man aus ihnen Beweise für germanische Siedelung erbringen, und jedermann wird überzeugt sein! Denn waren die Flurnamen des Weilertypus wirklich die Schöpfung einer deutschen Bevölkerung des Ortes, so sollte man doch annehmen, dass diese noch weitere Spuren ihres Daseins in der Flurbenennung hinterlassen hätte. Auch sonst haben sich ja die Deutschen nicht auf die Weilerformen beschränkt: diese sollen sogar in unzweifelhaft deutschen Orten überhaupt nicht als Flurnamen vorkommen. Sehen wir also einmal zu, welcher Art Formen sich neben dem Weilertypus noch in obigen Orten zeigen: In Arraye 1331 „an la Rumenance, an confilz des Angles, an courbe pesse, on Mont"; in Ars um die Wende des 13. zum 14. Jahrhundert „enz Oillons, on Mon, daieir les meizes, as Roches, en Fraiture, en Vairennes, en Lanoy, en Savelon"; Alben (Aube) 1359 „en Quairelz, a Chamenel, devant Poncillon, a la Couteure"; Auboué 1396 „sur le Pecquin, en Vabralle, sus Rouzeire, sus Preile, devant Graitigney"; Bouxières-sous-Froimont 1360 „ai lai Tendue, en Soillerit, en Nol, en Peulin"; Charly 1261 „en la Cordaille, on Fons, areiz les Praiges. on Rouwal, en Mairgey, en Longuignuele"; Sablon 1285 „en lai Nowe, a lai Mairs, devant la Horgne, en halte rive, a Waicon"; Dornot 1343 „en Nowailles, a la Vanne, au Chavol, en Maizel, au Trol"; Fleury 1328 „en la Champpelle, au Salsis, en Cherdenoy, en Savaille, en Corroit, as Noulz"; Leyr 1338 „az Rowal, en la Marcelle, en Mairs, a la Baire, on Vignat, en Chairme, en Clozel, en Preiles, en la Nowe, rue Boiliawe, en Chambrey"; Moivrons 1360 „en Laitre, en Montant, arreit lou Chaipleit"; Norroy 1303 „a Bouxat", 1315 „on Quaraille", 1330 „en la Sale"; Pontoy 1252 „a la Cruix, en Decumune, a Bovees, en Sairtes, en Jerestroi, en Saux, a Poncel"; Rouvroy-sur-Othain 1359 „en la Tourneire, daier Laitre, en Pontois, en Permes, en lai Lixiere, en Brulis".

Aelteste Nennungen: Vigy im Jahre 715 „in loco qui Romana Sala dicitur" [1]), in Metz 880 „infra murum Mettis civitatis ad Termas vocato loco" [2]), Jeandelize 885 „in alio loco qui dicitur ad Fossatis juxta Hornam", Scy bei Metz 987 „in loco Fracturas dicto", Châtel-s.-Germain 1006 „in finibus Cassellensium que dicuntur Fracturas", Vic 1055 „fluviolum Curenz in villa que vocatur Vicus" [3]).

Also neben den Flurnamen der Weilergattung ausschliesslich romanische Formen! — Aber vielleicht zeigt die Flurbenennung der Weilerorte andere Verhältnisse. Diese Orte sind ja deutschen Ursprungs, während die soeben behandelten nur germanisiert sind und daher zahlreiche romanische Formen bewahrt haben könnten. Sehen wir also zu, welche Stellung in ihnen die Weilerformen in der Flurbenennung einnahmen: Bioncourt 1329 Weilertyp: „Segietchamp", sonstige „ez Bouwes, a la Rovieule, a Soirbeit, Soirut, ez Fousseis"; Bonvillers 1440 Weilertyp: „Hansonfontaine, Bairbepreit, Piconvauxl", sonstige „sur la Roye, en Buxon, a la Comple, es Correilz, sur la Prelle, es Cinquelz, a la Saulx, au Pumereulx"; Chanville (Kanton Pange) 1345 „Vontlanboix, Jefcipreit", sonstige „sur la Cumenelle, en Louvet, en Szeires, desoubz lou Praiel, on Bouxat, desoubz Vinnaige"; Homécourt a. Orne 1289 „Thirionpareit, Thirboimont", sonstige „a Chene, a Tomblot";

---

[1]) Pertz, Mon. Germ. Dipl. Nr. 7, S. 214.
[2]) Tabonillot III, 41.
[3]) Cart. Gorz. Nr. 76, 115, 120, 130.

Loyville 1361 „a Perrillon, ens Abowes, en Pisuelle, en Sairttes"; Murville (Kanton Audun-le-Roman, Frankreich) 1355 „Wigivaul, Dainmont", sonstige „sus la Lixiere, en lai Greive, en Prele, en Quanreit, en Faixelle, en la Nowe"; Raucourt (bei Nomény) 1344 „Bugnecourt", sonstige „a Coigneil, a Sacis, dezour Weivre, ruit de Buy, sus la Stainchate, a lai Champelle, en Vignit, a Houxon, a Fraynoit"; Verneville 1400 „Boneiboix, Hammonpreit, Burewalpreit, Tairgierpreit", sonstige „en Pezeire, a Quairel, le grant Say, le Rowal" [1]).

Also genau dieselben Verhältnisse hier wie in obigen Ortschaften! Ueberall neben den Weilerformen zahlreiche Flurnamen, die diesem Typus nicht angehören, und sie alle ohne Ausnahme romanisch!

Man fragt sich vergebens, aus welchem Grunde die Germanen von ihrem so überschwellenden Reichtum an Flurbenennungen hier so gar keinen Gebrauch gemacht haben. Wenn sie überhaupt einwirkten auf die Flurbenennung dieser Ortschaften — und das muss derjenige annehmen, der die Weilernamen nur als von Germanen geschaffen denken kann — warum finden wir dann in ihnen keine von den Formen, die in üppiger Mannigfaltigkeit überall da wuchern, wo Deutsche längere Zeit ansässig waren? — Sind so zahlreiche deutsche Flurnamen in den Orten Welsch-Lothringens vorhanden, wie sie sich auf Grund der vorausgesetzten deutschen Herkunft der Weilernamen nachweisen lassen, so ist es sehr befremdlich, dass diese sämtlich einem einzigen, in deutschen Orten nicht einmal vorhandenen Typus angehören. Waren es wirkliche Deutsche, die sie geschaffen haben, so muss man notwendigerweise annehmen, dass diese in jedem der von ihnen gegründeten oder germanisierten Orte auch noch zahlreiche andere Formen hervorgebracht haben von der Art, wie wir sie im deutschen Sprachgebiete kennen gelernt haben. Und von diesen müssten sich wenigstens einzelne trotz der (wie oben dargethan unter unserer Voraussetzung unerklärlichen) Romanisierung erhalten haben.

Dass sich aber neben den Flurnamen vom Weilertypus keine Spur von deutschen Formen auffinden lässt, beweist zur Genüge, dass ihre Urheber nicht Deutsche gewesen sein können. Und die Thatsache, dass neben den Weilerformen ausschliesslich keltoromanische Flurnamen vorkommen, deren Formen zum Teil auf ein sehr hohes Alter hindeuten, beweist, dass wir es hier mit einer alt ansässigen keltoromanischen Bevölkerung zu thun haben, die ohne nennenswerte Störung die Völkerwanderung überdauert hat. Von ihr müssen auch die hier auftretenden Flurnamen in Weilerform herrühren, denn von einer nennenswerten germanischen Beimischung kann hier gar keine Rede sein, geschweige denn von einer solchen, die stark genug gewesen wäre, einen bestimmenden Einfluss auf die örtliche Nomenklatur auzuüben.

---

[1]) Ich habe es nicht für notwendig gehalten, den archivalischen Mitteilungen dieses Kapitels detaillierte Quellennachweise beizufügen. Da die Materialien aus einzelnen Privaturkunden gezogen sind, wäre der Archivnummern eine gar zu grosse Menge geworden. Es mag mit der Mitteilung genug sein, dass die hier und weiter oben zusammengestellten Flurnamen fast ausschliesslich aus dem Cheltenhamer Fonds des Metzer Bezirksarchivs stammen, grossenteils aus dem Kartular des Glossindenklosters.

Mag also die Bildung der Weilernamen noch so sehr den Regeln romanischer Wortfügung widersprechen, es ist eine durch unanfechtbares urkundliches Material beglaubigte Thatsache, dass sie zahlreich in rein romanischer Bevölkerung entstanden sind.

Bei einem der oben mitgeteilten Flurnamen in Weilerform lässt sich sogar der direkte Nachweis führen, dass er nur von Romanen geschaffen sein kann. Ich meine das unter dem Jahre 1330 bei Norroy angeführte „vigne en Wychertclos lonc Xibat son oncle". Nach dem Wortlaute ist nicht daran zu zweifeln, dass es sich hier um lebende Personen handelt, Wychert und seinen Oheim Xibat. Nach ersterem wurde das Grundstück benannt. Es liegt also eine Flurnamenbildung vor, die nur kurze Zeit vor dem Jahre 1330 entstanden sein kann. Und dass um diese Zeit Norroy eine deutsch redende Bevölkerung gehabt hätte, werden sogar die Anhänger des deutschen Ursprunges der Weilerorte nicht behaupten, obwohl es — ganz abgesehen von diesem Namen — durchaus in der Konsequenz ihrer Grundanschauung liegen würde. Aber die Konsequenzen, die sich aus ihrem Standpunkte ergeben, sind nun einmal derart, dass es sich empfiehlt sie nicht zu ziehen.

Doch nun genug mit den indirekten Beweisen, durch die zweimal dargethan ist, dass die Annahme des deutschen Ursprungs der Weilernamen, die dementsprechend für die Weilerorte das Vorhandensein einer deutschen Bevölkerung forderte, durchaus unhaltbar ist.

Wenn wir jetzt zum direkten Beweise übergehen, so können wir anknüpfen an die soeben aus Weilerorten mitgeteilten Flurnamen. Ein von Deutschen bevölkerter Ort pflegt deutsche Flurnamen zu haben. Die Weilerorte des französischen Sprachgebietes zeigen jedoch von deutscher Flurbenennung keine Spur. Die in ihnen vorkommenden Flurnamen vom Weilertypus können wir nun natürlich nicht mehr als deutsche Nomenklatur gelten lassen, nachdem soeben der Beweis geführt wurde, dass sie innerhalb einer romanischen Ortsbevölkerung entstanden sind. Eigentlich ist schon damit die ganze Weilerfrage erledigt, denn was von der Entstehung der Flurnamen gilt, muss auch für die dem gleichen Typus angehörigen Ortsnamen zutreffen.

Waren die Weilerorte germanischen Ursprungs, so müsste man entschieden unter den zahlreichen oben mitgeteilten Flurnamen noch deutsche Formen erwarten, um so mehr als diese Orte in Lothringen in dichten Gruppen geschart ihre Nationalität dementsprechend lange behauptet haben müssten.

Trotzdem lassen sich zur Zeit der oben angeführten Beispiele (13. und 14. Jahrhundert) in den Weilerorten auf jetzt französischem Boden keine deutschen Flurnamen feststellen. Der Umstand spricht sicher nicht dafür, dass sie einmal deutsch waren.

Nun, falls sie deutschen Ursprungs waren, könnten ja durch inzwischen eingetretene Romanisierung die deutschen Flurnamen verschwunden sein. Einstweilen angenommen! Aber jedenfalls muss es dann einmal eine Zeit gegeben haben, zu der sie eine deutsche Flurbenennung hatten. Suchen wir also frühere Daten zu gewinnen. An anderen Orten habe ich schon (Deutsche und Keltoromanen u. s. w. S. 94) aus Cipponisvilla, dem heutigen Sponville, in dem 1871 französisch gebliebenen Teile des Kantons Gorze gelegen, Flurnamen aus dem Jahre 875 mitgeteilt, die einen durchaus romanischen Charakter zeigen.

Von „Beraldivilla", heute Broville im Maasdepartement, sind schon aus dem Jahre 706 Flurnamen vorhanden. Sie lauten „Marconis pratum, Amolberti campus, Boverez silva; pratum loco dicto in Triheris et Marchei pratum"[1]), also ebenfalls romanische Formen zu ausserordentlich früher Zeit.

Im Jahre 871 wird „in pago Scarponensi in Unitonevilla" eine Flur genannt „in loco cui vocabulum est Galicia"[2]).

In Malbonpré („Malbunpret") an der Ourthe im wallonischen Belgien finden sich im Jahre 893 die Flurnamen „Waldopecias, Mannonis fontana, Curtil, Vallis, Noville, Longunpret, Haistras, Bernerfrontana, Godelarpradum, Wambais, Maceria, Suguzin, Bedeleid"[3]).

In den Flurnamen der Weilerorte auf französischer Seite lässt sich also durchaus kein Hinweis auf ursprüngliche deutsche Bewohnerschaft gewinnen, in wie frühe Jahrhunderte man auch zurückgehen mag. Im Gegenteil, ihre Flurbenennung stimmt durchaus mit derjenigen der Orte keltoromanischen Namens überein.

Um nun festzustellen, ob im Falle des deutschen Ursprungs der Weilerorte ein so vollständiges Verschwinden der deutschen Flurbezeichnungen denkbar wäre, sei ein Blick auf die als Sprachinseln über das romanische Gebiet zerstreuten vereinzelten deutschnamigen Orte geworfen. Das kann von vorn herein auf Grund des Abschn. II festgestellt werden, dass auch in ihnen im allgemeinen die Flurbenennung der romanischen Nachbarschaft die herrschende geworden ist. In Marbach lassen sich bei zahlreichen Urkundungen des 13. Jahrhunderts durchaus keine deutschen Flurnamen auffinden, und auch bei den übrigen in ähnlicher Lage befindlichen deutsch benannten Orten ist die grosse Menge der Flurnamen entschieden französisch. Aber es finden sich Ausnahmen. Einige deutsche Formen haben sich vor dem Untergange gerettet und zum Teil bis in auffallend späte Zeit erhalten.

So konnten wir in Bures noch im Jahre 1410 den deutschen Flurnamen „Wallelande" feststellen, in Gross-Bessingen sogar noch im Jahre 1602 den deutschen Waldnamen „Stainharde". Leirs bei Maizières zeigt im Jahre 1363 noch mehrere deutsche Flurnamen wie „Duedange, Ydelange, Remacre". Und sogar bei dem ganz entlegenen Marbach führt noch heute ein Flüsschen den ohne Frage deutschen Namen „Ache".

Alle diese Ortschaften befinden sich ganz vereinzelt, von romanischen Siedelungen umgeben in einer Lage, die für die Erhaltung ihrer ursprünglichen deutschen Nationalität denkbar ungünstig war. Waren die Weilerorte germanischen Ursprungs, so befanden sie sich sicher

---

[1]) M. Bz.A., II. 3 ¹ (Cop. saec. IX).
[2]) Cart. Gorz. Nr. 65.
[3]) Mittelrhein. Urkundenb. I, S. 170.

nicht in einer schwierigeren Lage als diese Orte; es wäre daher unbedingt zu erwarten, dass sich in ihnen ebenfalls noch deutsche Flurnamenformen nachweisen liessen, um so mehr als das über sie vorhandene urkundliche Material weit umfangreicher ist und vor allen Dingen in erheblich frühere Zeit als das über die wenigen deutschen Sprachinseln zu Gebote stehende zurückreicht.

Unter diesen Umständen bedeutet das Fehlen deutscher Flurnamen in den Weilerorten des romanischen Sprachgebietes, gemessen an dem Vorkommen solcher in deutsch benannten Orten von mindestens gleich ungünstiger Lage für die Erhaltung der ursprünglichen Nationalität, auf alle Fälle ein sehr schweres Bedenken gegen die Möglichkeit, sie auf deutschen Ursprung zurückzuführen.

Je mehr man sich der deutsch-französischen Sprachgrenze nähert, desto bemerkenswertere Erscheinungen lassen die Weilerorte erkennen. Pierrevillers ist gelegen auf einer geraden, Rombach und Maringen verbindenden Linie. War dieser Ort wie seine beiden genannten Nachbarn ursprünglich deutsch, so lässt sich der Grund nicht ausfindig machen, weswegen er früher hätte romanisiert werden sollen als jene. Im Gegenteil, durch seine Lage war er entschieden in höherem Grade geschützt als das in insolierter Flankenstellung befindliche Maringen. Und sicher war er bevorzugt im Vergleiche zu Rosslingen, denn dieses war nicht allein am weitesten vorgeschoben von allen genannten Orten, es lag ausserdem an der Hauptverkehrsstrasse des Ornethals und war schon deswegen einer weit einschneidenderen Störung seiner ursprünglichen Bevölkerungsverhältnisse ausgesetzt als das in stiller Waldeinsamkeit weitab von dem Zuge des Handels und Verkehrs gelegene Pierrevillers.

Und was zeigt sich nun bei Betrachtung der Flurbenennungen dieser Orte? In allen haben sich noch deutsche Formen feststellen lassen. Unter dem Wenigen, was wir aus Rombach mitteilen konnten, überwiegen sie sogar. In diesem Orte lässt der Kataster noch heute vereinzelte deutsche Formen erkennen (Schiber S. 105). Wie ganz anders dagegen in Pierrevillers! Wenn sich dort nichts Aehnliches wie in den genannten Nachbarorten aufweisen lässt, so wird dies nicht etwa durch ein lückenhaftes Material verschuldet. Im Gegenteil: in Bezug auf Reichhaltigkeit desselben übertrifft dieser Ort die übrigen ohne Frage. Seinen Flurnamenbestand konnten wir bis zum Jahre 1230 zurückverfolgen und fanden nur romanische Formen. Ein sehr reichhaltiges Grundbuch aus dem 15. Jahrhundert zeigte ausschliesslich französische Flurnamen. Und erst in einer Güterteilung von 1557 lässt sich eine deutsche Form erkennen „en Wincquelz". Bei der Reichhaltigkeit des früheren Materials, das einen ausschliesslich romanischen Bestand zur Anschauung bringt, ist es ganz unmöglich, diesen einzigen deutschen Flurnamen als den bescheidenen Rest einer einst allgemeinen deutschen Flurbenennung aufzufassen. Man kann sich dem Schlusse nicht entziehen, dass der Name sein Dasein der germanischen Nachbarschaft verdankt, daher dem Beweismaterial für diese hinzuzufügen, nicht aber für Pierrevillers zu verwerten ist.

Noch mit viel grösserer Entschiedenheit sprechen die Verhältnisse von Thicourt (Diedersdorf) für die hier vertretene Auffassung. Denn während die Pierrevillers umgebenden deutschnamigen Orte wie nachgewiesen schon in sehr früher Zeit romanisiert wurden und wir in ihnen vielleicht abgesehen von Rombach nur noch Reste deutscher Flurbenennungen finden konnten, sind die deutschnamigen Nachbarn von Thicourt, mit Namen Niederum, Brülingen und Armsdorf nicht nur nachweislich bis tief in die neuere Zeit hinein von einer deutsch redenden Bevölkerung bewohnt; sondern Thicourt ist auch viel weiter in sie hineingeschoben als Pierrevillers in seine deutschnamige Nachbarschaft. Thicourt bildet einen derartig scharf einspringenden Vorsprung in das deutsche Gebiet, dass es von den weit zurückgebliebenen Niederum und Armsdorf nicht nur an beiden Seiten in bedenklichem Masse flankiert wird, sondern nahezu von dem geschlossenen französischen Sprachgebiete abgeschnitten als Sprachinsel erscheint.

Was daher bei Pierrevillers nur schwach angedeutet war, das muss bei einer Lage, wie die von Thicourt ist, scharf pointiert und mit schlagender Ueberzeugungskraft hervortreten. Wenn bei Pierrevillers der Gegensatz in der Flurbenennung zu den benachbarten deutschnamigen Orten durch deren Romanisierung schon beinahe verschwunden war und nur noch von einem scharf prüfenden Blicke erkannt werden konnte, so muss er sich bei Thicourt auch dem Widerwilligen mit zwingender Gewalt aufdrängen. Denn in diesem von deutschnamigen und deutsch redenden Siedelungen (vgl. Diss. S. 52 ff.) beinahe auf allen Seiten umgebenen Orte ist die Flurbenennung im auffallendsten Gegensatze zu seiner Nachbarschaft im ganzen Umkreise noch in den Jahren 1420, 1512 und 1525 auf Grund eines reichhaltigen urkundlichen Materials als durchaus romanisch zu bezeichnen. Erst das Grundbuch von 1580 zeigt zahlreiche inzwischen eingedrungene deutsche Formen.

Dass eine solche Erscheinung auf Zufall beruhen könne, wird wohl niemand behaupten. Es liegt klar auf der Hand, dass hier eine ursprüngliche nationale Verschiedenheit vorliegen muss, denn an die frühe Romanisierung eines ursprünglich deutschen Thicourt kann unter den obwaltenden Verhältnissen gar nicht gedacht werden: Einem Vordringen des Romanentums hätten weit eher Niederum und Armsdorf zum Opfer fallen müssen, weil ihre Lage eine viel exponiertere ist als die von Thicourt.

Und dass es sich hier nicht um ausnahmsweise Fälle handelt, zeigen die ebenfalls erst in späterer Zeit germanisierten Weilerorte Burlioncourt, Chicourt, Harraucourt[1]). Sie alle sind vorher französisch gewesen.

Auch wenn man die vordersten Linien der deutschnamigen Siedelungen vollends überschreitend in das deutsche Sprachgebiet eindringt, finden sich noch Materialien, welche die Sonderstellung der Weilerorte klar genug erkennen lassen, wenn sich auch naturgemäss durch ihre Massenhaftigkeit so erdrückende Materialien wie bei Thicourt nicht finden lassen. Denn in diesen vom Deutschtum ganz umschlossenen

---

[1]) Ueber diese und andere an der Sprachgrenze gelegene Weilerorte vgl. Abschn. V.

insularen Siedelungen war die Germanisierung viel zu früh vollendet worden, als dass sich bedeutende Reste romanischer Flurbenennungen hätten erhalten können. Hier muss man sich auch mit einem einzigen romanischen Flurnamen zu begnügen wissen, denn auch ein einziger solcher unter vielen deutschen Formen beweist ehemalige und in unserem Falle sicher ursprüngliche romanische Nationalität.

Arsweiler westlich von Diedenhofen etwa 10 km von der Sprachgrenze des Jahres 1500 entfernt und noch heute dem deutschen Sprachgebiete angehörig zeigt im Jahre 1387 den romanischen Flurnamen Reydeboix. Wohlgemerkt es ist der einzige genannte Flurname! Wäre er damals der einzige romanische unter hunderten vorhandener örtlicher Formen gewesen, so müsste ein sehr unwahrscheinlicher Zufall obgewaltet haben, um gerade ihn, den einzig dastehenden, auf uns kommen und sämtliche übrigen der Vergessenheit anheimfallen zu lassen. — Aber selbst zugegeben, dass er der einzige damals im Weichbilde des Ortes vorhandene romanische Flurname gewesen sei, so würde auch dies für unsere Zwecke genug beweisen. Die Arsweiler umgebenden Orte sind sämtlich deutschnamig: Algringen, Hawingen, Escheringen, Oetringen. Aus der Nachbarschaft kann der Name also nicht erklärt werden. Er muss in Arsweiler selber entstanden sein. Und dass sich hier in einem Weilerorte Flurbezeichnungen bilden konnten trotz ausschliesslich deutscher Umgebung, deren Entstehung in einem deutschen Orte ein Ding der Unmöglichkeit gewesen wäre, bestätigt schon zur Genüge, dass in diesem Orte eine von der deutschen Nachbarschaft verschiedene Bevölkerung ansässig gewesen sein muss. Und das konnte nur eine romanische sein.

In Bettsdorf (Bettlainville), das durch das vorgelagerte deutsche Hessingen vom französischen Sprachgebiete des späteren Mittelalters abgetrennt ist, lassen sich im Jahre 1337 neben mehreren deutschen Flurnamen noch einige französische feststellen, wie „areix lou Perillon und en Lixieires". Solche Formen finden sich sonst in Bacourt (Kanton Delme) „au Perilon" im Jahre 1602, in Loyville (Kanton Verny) „a Perrillon" 1361, in Murville (Kanton Audun-le-Roman) „au Parrillon" 1390, in Vaxy (Kanton Château-Salins) „desous le Pereilluel" 1304, in Morville bei Vic „a Perilleux" 1550 und in Avril südwestlich Diedenhofen in Frankreich „au rond Poiryllot" 1564.

Noch häufiger ist die an zweiter Stelle genannte Form. Sie findet sich unverändert wieder im Jahre 1337 in Avancy (Kanton Vigy), 1359 in Rouvrois-sur-Othain (Dép. de la Meuse) „en lai Lixiere". 1268 in Woippy bei Metz „boix condit en Lexieres", 1421 in Novéant „en Luxiere", 1332 in Fleury (Kanton Verny) „en Lexeire", 1355 und später in Murville „sus la Lixière" (auch Luxiere geschrieben), also wie Perillon ausschliesslich auf romanischem Boden. Auch hier also unzweifelhaft romanische Flurnamen im deutschen Sprachgebiete des Mittelalters! Und auch hier wieder ein Weilerort, in dem sie auftreten!

Aehnlich verhält es sich mit dem benachbarten und noch tiefer im deutschen Sprachgebiete gelegenen Endorf (Aboncourt). Aus dem Jahre 1308 ist uns ein einziger Flurname aus dem Gebiete dieses Ortes erhalten, und dieser einzige Name ist romanisch: „un preit sus Chanre deleis Aboncourt". Ausser in Endorf ist mir dieser Name nur noch in dem ohne Zweifel stets romanischen Vigy begegnet, wo er ebenfalls eine Wiese bezeichnet: 1570 „en Chanre" (auch geschrieben „en Chanvre").

Der Umstand, dass diese wie die bei Bettsdorf genannten romanischen Formen sich nicht gerade häufig finden, erhöht noch ihre Beweiskraft. Wären es allerorten übliche allgemeinere Bezeichnungen, so könnte man die Vermutung nicht von der Hand weisen, ihr Erscheinen im deutschen Sprachgebiete sei lediglich der Wirkung der französischen Urkundensprache zuzuschreiben. Bei so charakteristischen und selten angewandten Formen, wie die vorliegenden sind, ist jedoch eine solche Annahme völlig ausgeschlossen.

Diese Namen waren in den Orten wirklich vorhanden und in ihnen entstanden.

Noch viel tiefer in bis auf den heutigen Tag rein deutschen Gegenden lassen sich bei Weilerorten vereinzelte romanische Flurnamen feststellen, so im Jahre 801[1]) „in Didonevilla ubi rivolus qui vocatur Nimisaccola fluere videtur". Didonevilla ist das heutige Dingdorf im Kreise Prüm der preussischen Rheinprovinz.

Das klassische Beispiel ist und bleibt jedoch das in „Villere"‚ dem heutigen Dorf im Kreise Wittlich der preussischen Rheinprovinz gebotene. Die schon an anderer Stelle (Deutsche und Keltoromanen S. 60) aus diesem tief im Innern des deutschen Sprachgebietes gelegenen Orte mitgeteilten Flurnamen vom Jahre 952 lauten „Campella, Lannoga, Ualleit, Juruolrin".

Wer sich mit lothringischen Flurnamen auch nur beiläufig beschäftigt hat, dem müssen diese Formen vertraut sein, der wird mit Ueberraschung wahrnehmen, dass sich hier inmitten eines jetzt rein deutschen Landes, etwa auf halbem Wege zwischen Trier und Koblenz, Namensformen finden, die in deutschen Gegenden sonst nicht gebräuchlich, wohl aber in Welsch-Lothringen ganz alltägliche Erscheinungen sind. Campella tritt dort auf in der Form Champel im Jahre 1359 in Liébon (Kanton Verny), 1482 in Retonféy (Kanton Pange), 1459 in Ancy und 1492 in Flavigny (Kanton Gorze), 1597 in Gras (Gemeinde Ste. Barbe, Kanton Vigy), Champelle 1336 in Fleury (Kanton Verny) und 1344 in Raucourt bei Nomény (Frankreich).

Lannoga hat in Lothringen die Form Lannoy oder Lanoy. So zeigt es sich 1389 in Rozérieulles (Kanton Gorze), um die Wende des 13. zum 14. Jahrhundert in Ars, 1457 in Lessy (Kanton Gorze), 1502 in Ancy, 1512 in Frémery (Kanton Delme) und 1521 in Lezey (Kanton Vic).

Ualleit ist das französische vallée. Und einzig und allein für den an letzter Stelle genannten Flurnamen Juruolrin, der übrigens stark korrumpiert zu sein scheint, habe ich in Welsch-Lothringen keine Analogie finden können.

Um nun kurz das Ergebnis dieser Flurnamenuntersuchung zu-

---

[1]) Mittelrhein. Urkundenb. I, S. 44, Nr. 39.

sammenzufassen, so hat sich gezeigt, dass im romanischen Sprachgebiete verstreute deutschnamige Siedelungen (Marbach, Gross-Bessingen, Bures, Leirs) noch vereinzelte deutsche Flurnamen aufweisen. Die dortigen Weilerorte dagegen, obwohl ein in viel frühere Jahrhunderte zurückreichendes und ein infolge ihres massenhaften Auftretens unendlich viel umfangreicheres Material darbietend, lassen keine Spur einer ähnlichen Erscheinung erkennen. Im Gegenteil: während sich die deutschnamigen insularen Siedelungen noch im 14., ja bis ins 17. Jahrhundert hinein durch einzelne erhaltene deutsche Flurnamenformen von den sie umgebenden romanischen Orten abheben, stimmen die Weilerorte mit diesen bezüglich der Flurbenennung vollständig überein ohne jede Spur eines Unterschiedes.

An der Sprachgrenze springt dieser Zwiespalt zwischen Weilerorten und deutsch benannten Siedelungen noch weit auffallender ins Auge. Längs ihres ganzen Verlaufes finden sich überall hart nebeneinander Weilernamen mit rein romanischer Flurbenennung und deutschnamige Orte mit ebenso entschieden deutschem Charakter.

Bei Thicourt sahen wir sogar, wie ein Weilerort nahezu eingeschlossen von deutschen Siedelungen seine romanischen Flurbenennungen und seine romanische Nationalität unvermischt bis ins 16. Jahrhundert erhalten hat.

Endlich konnten sogar inmitten des deutschen Sprachgebietes verschiedene Fälle nachgewiesen werden, in denen sich im Gebiete von Weilerorten romanische Flurnamen in grösserer oder geringerer Zahl bis in das späte Mittelalter hinein erhalten haben. Also auch auf deutschem Boden konnten die Weilerorte ihre Zusammengehörigkeit mit den romanischen Siedelungen nicht verleugnen.

Wenn dergestalt alles, was sich aus den Urkunden ermitteln lässt, im Sinne unserer obigen indirekten Beweisführung spricht, so wird dadurch die Frage endgültig entschieden. Gegen Thatsachen kann auch die Philologie nichts machen.

In der That zwingen sowohl die Erscheinungen des deutschen wie die des französischen Sprachgebietes zu dem Schlusse, dass die behandelten Orte ihre Entstehung einer romanischen Bevölkerungsmasse verdanken. Von ihr stammt die romanische Flurbenennung, die in Deutschland nur noch in Resten erkennbar, in Frankreich dagegen sich ungestört von germanisatorischen Einflüssen bis auf den heutigen Tag erhalten hat.

Die Forderung wird ja kein logisch Denkender stellen, dass dieser Beweis auf Grund der Flurnamen für jeden Weilerort des deutschen Sprachgebietes einzeln geführt werde. Das erlaubt natürlich die Dürftigkeit der urkundlichen Ueberlieferung nicht. Aber es ist auch gar nicht nötig. Schon oben war auf die sich durch Uebereinstimmung nach Form, Entstehungszeit und geographischer Verbreitung kundgebende Einheitlichkeit der von mir unter der Bezeichnung Weilernamen zusammengefassten Formen hingewiesen und betont worden, dass diese dreifache Uebereinstimmung nur auf einer Einheitlichkeit des Ursprunges beruhen könne. Zu dieser dreifachen Uebereinstimmung ist jetzt noch eine vierte hinzugekommen, diejenige hinsichtlich der Flurnamen. Auf französischem Boden ist dieselbe eine vollkommene; und auch im deutschen Sprachgebiete hat sich gezeigt, dass an der Erzeugung und Erhaltung romanischer Flurnamen trotz deutscher Umgebung sowohl die -villare wie die -curtis und -villa teilnehmen.

Angesichts einer so weitgehenden Uebereinstimmung ist an der Einheitlichkeit des nationalen Ursprungs dieser Formen nicht mehr zu zweifeln [1]). Und wenn in obigem für eine verhältnismässig grosse Zahl von Weilerorten mit Sicherheit romanischer Ursprung festgestellt werden konnte, so muss dies auch für die übrigen gelten, da an der Einheitlichkeit ihres Ursprungs nicht gerüttelt werden kann. Dies Ergebnis ist um so sicherer, als überall da, wo immer der Versuch, die ursprüngliche Nationalität festzustellen, gemacht werden konnte, d. h. wo die urkundliche Ueberlieferung weit genug zurückreichte und einschlägiges Material in ausreichendem Masse vorhanden war, die Entscheidung auf ursprünglich romanische Bevölkerung lautete.

Diese Frage darf hiermit wohl als erledigt betrachtet werden.

Kehren wir nun zu unserem Ausgangspunkte zurück. — Selbstverständlich war es nicht meine Absicht, in vorstehendem die Philologie zu bekämpfen, insofern sie den Satz aufstellt: Die Zusammensetzung der Weilernamen trägt einen unromanischen Charakter, indem sie das Bestimmungswort an erster Stelle erscheinen lässt. Es sind lediglich die aus diesem Satze gezogenen Folgerungen, gegen die ich mich wende.

Wenn nun auf Grund dieses an sich unbestreitbaren Satzes behauptet worden ist, dass die Weilerorte einst sämtlich von einer deutschredenden Bevölkerung bewohnt gewesen seien, so hat sich im vorstehenden gezeigt, dass dies dem in Weilerorten urkundlich beglaubigten Thatbestande gegenüber nicht aufrecht zu erhalten ist.

Aber wie konnten denn diese Formen entstehen, die nach ihrer Zusammensetzung unromanisch und hinsichtlich des für die Nationalität unter allen Umständen bezeichnenden Grundwortes (-villare, -villa, -curtis u. s. w.) ebenso ungermanisch sind?

Die Beantwortung dieser Frage fällt eigentlich nicht mehr in den Rahmen vorliegender Arbeit. Denn jede Untersuchung über die Abgrenzung der Sprachgebiete muss sich auf die Nationalitätsbestimmung der grossen Masse der Bevölkerung der verschiedenen Orte beschränken, unter bewusster Uebergehung der in ihnen etwa noch vorhandenen kleinen Minoritäten abweichender Nationalität. Und dass die grosse Masse der Bevölkerung der Weilerorte unter keinen Umständen ursprüng-

---

[1]) Darauf, dass in späterer Zeit, nachdem villare in der Form „Weiler" in die deutsche Sprache übergegangen war, Ortsnamen auf -weiler von Deutschen gebildet werden konnten, habe ich bereits an anderem Orte hingewiesen. Indessen scheint die Entstehung der grossen Masse der Weilerorte vor diesem Zeitpunkte stattgefunden und die Deutschen keinen ausgiebigen Gebrauch von dieser Möglichkeit gemacht zu haben. Denn als Gattungsbegriff hat sich „Weiler" über das ganze Sprachgebiet verbreitet, aber als Ortsname ist es immer noch auf den ehemals römischen Teil unseres Vaterlandes beschränkt.

lich germanisch sein konnte, das dürfte aus obigen Erörterungen deutlich genug hervorgehen. Es wäre daher gerechtfertigt, wenn ich mich mit diesem Ergebnisse begnügend, jetzt abbräche, da eine weitere Untersuchung ja doch nur im besten Falle zur Feststellung germanischer Minderheiten führen kann, die auf die Gestaltung der nationalen Abgrenzung keinen bestimmenden Einfluss auszuüben vermochten. Aus diesem Grunde habe ich auch in meiner letzten Schrift (Deutsche und Keltoromanen) die Untersuchung nur bis zu diesem Punkte geführt und das weitere offen gelassen.

Trotzdem möchte ich jetzt wenigstens mit einigen Worten auf diese Frage eingehen, nicht um sie zu entscheiden — das mögen Berufenere unternehmen — sondern um dazu beizutragen, dass sie einmal ernsthaft zur Debatte gestellt wird.

Die Schwierigkeit, dass bei den Weilernamen das für die Nationalität vor allen Dingen charakteristische Grundwort romanisch ist, hat man wie bekannt mit der Annahme aus dem Wege zu räumen versucht, dass alle Weilernamen ursprünglich ein deutsches Grundwort hatten, das aber infolge der bald eintretenden Verwelschung der Orte ins Französische übersetzt wurde.

Zur Widerlegung dieser Annahme genügt ein Blick auf das deutsche Sprachgebiet. Hatten die Weilernamen einst rein deutsche Formen, wie konnten dann auf deutschem Boden -villare, -curtis und -villa auftreten? Wie konnten hier die ursprünglich deutschen Formen so mancher Orte auf lange Zeit durch -villa und -curtis und auf immer durch -villare verdrängt werden? Wo kamen denn die Massen romanischer Bevölkerung her, die in dem Gebiete dieser deutschen Kolonieen den Germanen die Namen ihrer eigenen Siedelungen übersetzten und dann die Anwendung dieser Formen von ihnen erzwangen?

Auch die mehr vermittelnde Ansicht, wie sie neuerdings von Schiber ausgesprochen ist (Die fränkischen und alemannischen Siedelungen in Gallien u. s. w.), der zufolge die -viller, -court, -ville etc. in Gallien fränkische Herrensiedelungen sind, in denen dem fränkischen Grundherrn eine romanische niedere Bevölkerungsmasse gegenübergestanden haben soll, kommt über diese Schwierigkeit nicht hinweg. Solange er sich auf französischem Boden bewegt (Abschn. V), scheint er — er spricht sich nicht deutlich darüber aus — der Auffassung nahe zu stehen, die so benannten Orte hätten einst rein deutsche Namen geführt und ihre jetzigen Namen seien durch Uebersetzung dieser entstanden. Sobald er sich aber auf deutschem Boden bewegt und die Orte auf -weiler behandelt, sieht er sich zu der Erklärung genötigt, dass „die Existenz eines deutschen Nebennamens neben dem nach deutschen Sprachgesetzen gebildeten romanischen . . . keineswegs behauptet werden" sollte.

Für die Frage der Entstehung dieser Namen in Frankreich sind die analogen Verhältnisse des deutschen linken Rheinufers geradezu entscheidend. Hatten die Weilernamen wirklich deutsche Nebenformen — man sollte lieber sagen Grundformen, sofern man der Meinung ist, dass sie die ursprünglichen, die der romanischen Form zu Grunde liegenden waren, — so konnten auf deutschem Boden niemals die germanischen Formen von den romanischen verdrängt werden. Die völlige Germanisierung der Orte hätte ohne Frage der germanischen Namensform zur Alleinherrschaft verhelfen müssen; die Namen auf -weiler wären vom deutschen Boden verschwunden, wie es mit denen auf -curtis und -villa geschah. Das Verschwinden der beiden letzten Formen aus dem Bereiche der deutschen Sprache — abgesehen von wenigen Ausnahmen — steht im schroffsten Gegensatz zu der Erhaltung der -villare, ohne dass ein Gegensatz hinsichtlich der ursprünglichen Benennungsverhältnisse vorhanden gewesen wäre. Die ehemaligen -villa und -curtis auf jetzt deutschem Boden haben nicht etwa germanische Grundformen gehabt, denen sie später weichen mussten. Schon früher habe ich Orte aus dem Elsass zusammengestellt (Deutsche und Keltoromanen S. 50 ff.), in denen die Form auf -villa, das übrigens sehr oft mit -villare wechselt, — zuerst vollkommen alleinherrschend ist. Erst nach langer Zeit tritt das deutsche -heim oder -dorf vereinzelt an seine Stelle, um es allmählich ganz zu verdrängen.

Hier, wo man nicht — wie bisweilen in Lothringen — die Unterdrückung vorhandener deutscher Formen, ihre Zurücksetzung bei schriftlichen Aufzeichnungen infolge des übermächtigen Einflusses einer fremden Sprache annehmen darf, zeigt sich bei einzelnen Beispielen deutlich, dass das romanische -villa vor dem deutschen -heim oder -dorf allein angewandt wurde. Wenn also die erst später entstandenen deutschen Nebenformen das völlige Verschwinden der ursprünglichen romanischen Grundformen herbeizuführen vermochten, um wie viel sicherer hätte die Ausmerzung der romanischen Formen erfolgen müssen, wenn diese von vornherein nur als Nebennamen ein bescheidenes Dasein den ursprünglichen deutschen Benennungen gegenüber geführt hätten.

Dass die -villare sich — wenige Ausnahmen abgerechnet — auf deutschem Boden behauptet haben, beweist, dass weder eine deutsche Grund- noch eine solche Nebenform vorhanden war. Oder wenn man nicht so weit gehen will, so müssten sich doch deutsche Formen irgendwo in den Urkunden nachweisen lassen; sie konnten doch sicherlich nicht auf deutschem Boden spurlos verschwunden sein. Aber für -villare findet man nirgends deutsche Formen, abgesehen von einigen wenigen Ausnahmefällen, in denen dann regelmässig die deutsche Form allmählich alleinherrschend geworden ist. Auch diese Thatsache spricht wieder mit aller Bestimmtheit für unsere Auffassung.

Ganz in diesem Sinne reden aber auch die Flurnamen. Im pays Messin, in dem die Weilerformen als Ortsnamen fast gar nicht vorkommen, erscheinen sie in jeder einzelnen Ortschaft als Flurnamen geradezu massenhaft. Die oben von mir angeführten Beispiele sind natürlich nur ein ganz geringer Bruchteil des thatsächlich Vorhandenen.

Glaubt man nun, dass diese Formen, da sie ja den Gesetzen romanischer Wortbildung widersprechen, nur auf deutscher Grundlage durch Uebersetzung entstanden sein könnten, so muss einmal das ganze pays Messin eine deutsche Bevölkerung gehabt haben. Denn Flurnamen werden nicht von Einzelnen gemacht, sie entstehen frei im Munde der Ortsbevölkerung als eine Schöpfung ihrer Gesamtheit. Und vollends so zahlreiche Formen hätten, wenn deutschen Ursprungs, zu ihrer Entstehung einer deutsch redenden Bevölkerungsmasse bedurft. Hier ist es ganz deutlich, dass die Weilernamen entstehen konnten ohne zu Grunde liegende deutsche Urform, erschaffen von einer romanisch redenden Bevölkerungsmasse [1]).

Bis zu dem Schlusse kann man mit Sicherheit gelangen, dass die Weilernamen die Schöpfung einer romanischen Bevölkerungsmasse, und dass sie trotz ihrer unromanischen Fügung in der Regel in ihrer jetzigen Form und nicht erst durch Uebersetzung eines ursprünglichen deutschen Namens entstanden sind. Dass diese Uebersetzung in einzelnen Fällen stattgefunden hat, habe ich schon früher zugegeben (Deutsche und Keltoromanen S. 38 f.). Aber das sind Ausnahmen. Wenn die romanische Form als die ursprüngliche auf deutschem Boden und bei den Flurbezeichnungen des französischen Sprachgebietes deutlich zu erkennen ist, so muss dies auch seine Geltung für die entsprechenden Ortsnamen Frankreichs haben.

Ueber dies sichere Ergebnis hinaus können nur noch Hypothesen aufgestellt werden. Es bleibt ja immer noch zu erklären, wie es mög-

---

[1]) Wenn ich in diesem Sinne die Weilernamen als eine romanische Nomenklatur (Deutsche und Keltoromanen Kap. 1) und die Weilerorte als ursprünglich romanisch bezeichnet habe, so sehe ich wirklich nicht, was man dagegen einwenden kann, wenn man nicht beabsichtigt, um Worte zu streiten. Wenn es nicht gestattet sein soll, Benennungen, die nachweislich inmitten einer romanisch redenden Bevölkerungsmasse entstanden sind, als romanische Nomenklatur, Orte, in denen von Anfang an die romanische Nationalität die grosse Masse der Bevölkerung bildete, als ursprünglich romanische Siedelungen zu bezeichnen, so weiss ich nicht, welche Bedeutung man fortan dem Worte „romanisch" beizulegen beabsichtigt, oder ob es überhaupt noch Gegenstände giebt, auf die man es anwenden kann.

Dass die Nomenklatur einen Germanismus enthält, ist eine Sache für sich, die man ja nebenher noch genügend hervorheben kann. Und dass in den betreffenden Siedelungen vielleicht auch noch dieser oder jener Germane gehaust hat, ist für meine Untersuchung vollständig unwichtig. A potiori fit denominatio! Und wenn der anwesende Germane auch Grundherr war, für meine Untersuchung kommt es lediglich auf das Zahlenverhältnis an.

Dass auch Schiber (Die fränkischen und alemannischen Siedelungen u. s. w., Kap. 5), dessen Ergebnisse in diesen Punkten von den meinigen sich kaum unterscheiden, es für nötig gefunden hat, mir einen ausführlichen Angriff zu widmen, und zwar gerade hinsichtlich der Punkte, in denen ich mich mit ihm im Grossen und Ganzen einverstanden fühle, ist doch etwas befremdlich und nur dadurch möglich, dass er verschiedenes als von mir ausgehend bekämpft, was ich niemals gesagt habe.

Auch er kommt zu dem Ergebnisse, dass in den Weilerorten die Masse der Bevölkerung von vornherein romanisch gewesen sein müsse. Des weiteren führt er aus, dass der Grundherr dieser Orte ein Franke gewesen sei. Inwiefern dies mit meinen bisherigen Veröffentlichungen im Widerspruche steht, sehe ich wenigstens nicht. Für meine Untersuchung hatte es ganz und gar kein Interesse, auf diese Frage einzugehen. Ich hatte mich daher begnügt, in aller Kürze die Möglichkeit eines germanischen Grundherrn in diesen Orten zuzugeben. Schiber imputiert mir dagegen die von mir nirgends ausgesprochene Ansicht, „alle Weilerorte seien Gründungen von Romanen mit germanischen Personennamen" (S. 36, Anm. 1). An einer anderen Stelle spricht er in meinem Sinne von „einer Gründung beziehentlich Benennung dieser Orte ganz unabhängig von germanischen Einwanderern" (S. 49) Dem will ich nur einen Satz aus meiner letzten Schrift gegenüberstellen. Derselbe lautet: „Sicherlich hat bei dem Entstehen dieser neuen Art der Ortsbenennung Nordgalliens deutscher Einfluss stark mitgewirkt" (S. 64).

lich war, dass diese in unromanischer Weise zusammengesetzten Namen im Norden Frankreichs eine so grosse Verbreitung erlangen konnten. Nachdem es sich gezeigt hat, dass die durch sie bezeichneten Orte keine germanische Bevölkerung hatten, wird man wohl kaum über die allgemeine Erklärung hinauskommen, dass die fränkische Einwanderung in dem Teile Galliens, wo sie aller Wahrscheinlichkeit nach am stärksten war, in diesem Sinne auf die Sprache der eingeborenen keltoromanischen Bevölkerung eingewirkt hat.

Sicher waren ja die Romanen auch im nördlichen Gallien den eingewanderten Franken gegenüber in der erdrückenden Mehrheit. Ein einziger, wenn auch grosser germanischer Stamm, dessen Kräfte schon durch eine sehr ausgedehnte und überraschend erfolgreiche kolonisatorische Thätigkeit in deutschen Landen stark in Anspruch genommen war, der dabei dem Romanentum gegenüber die Grenzen seiner Zunge noch beständig vorwärts schob, konnte nicht mehr über ein Menschenmaterial verfügen, das über ganz Nordfrankreich und weiter zerstreut der eingeborenen Bevölkerung gegenüber mehr als eine kleine Minderheit ausgemacht hätte.

Aber die Franken gehörten der herrschenden Rasse an. Und daher war ihre Wirkung auf das gallische Land und Volk eine grössere, als man nach ihrer Zahl erwarten sollte. Zwar musste die fränkische Sprache in Gallien untergehen, weil ihre überall zerstreuten Träger keinen gegenseitigen Halt aneinander finden konnten. Aber sie verschwand nicht, ohne die zahlreichsten und durch ihre Deutlichkeit überraschende Spuren ihres Daseins zu hinterlassen.

Es ist bekannt, dass schon in den frühesten Zeiten des Mittelalters in ganz Gallien die germanischen Personennamen so vollständig eingebürgert waren, dass, abgesehen von den bretonisch redenden Gebieten des Nordwestens, neben ihnen fast nur noch die spezifisch christlichen Namen eine nennenswerte Rolle spielen. Die altrömischen und keltischen sind nahezu ausgemerzt: die erdrückende Mehrheit der einheimischen Keltoromanen führt germanische Namen.

Das ist doch gewiss ein sprachlicher Einfluss des Germanentums, der bei der verhältnismässig geringen Zahl derjenigen, die ihn durch ihre Niederlassung in Gallien herbeigeführt haben, geradezu erstaunlich ist. Sollte ein so starker sprachlicher Einfluss sich nicht auch auf anderen Gebieten geäussert haben? Wäre es nicht möglich, die an deutsche Wortfügung erinnernde Bildung der Weilernamen auf diese Weise zu erklären?

Um nicht missverstanden zu werden, betone ich, dass ich dies lediglich als eine zu erwägende Möglichkeit hinstelle. Die Frage zu entscheiden, ist nicht meine Sache. Das mögen die Romanisten unternehmen.

Jedenfalls glaube ich, dass eine weniger allgemein gehaltene Lösung dieses Rätsels kaum zu erwarten ist, nachdem an der Meinung, die Weilerorte hätten germanische Bevölkerung gehabt, nun einmal nicht mehr festgehalten werden kann.

Der neuerdings von Schiber gemachte Erklärungsversuch erscheint mir denn doch etwas künstlich, wenn er den Germanismus der

Weilernamen auf die in den betreffenden Orten sitzenden germanischen Grundherrn zurückführt. Die Ortsnamengebung hat überall einen demokratischen Charakter; sie ist das Ergebnis des Zusammenwirkens der breitesten Massen der ansässigen Bevölkerung. Nur da, wo sie büreaukratisch beeinflusst und bevormundet ist, verkümmert allmählich die freie ungebundene Schöpferkraft des Volkes.

Gewiss hat der Grundherr an der Entstehung der Ortsnamen mitgewirkt. Aber er hat den Namen nicht gemacht. Er hat nicht dekretiert: dieser Ort soll jetzt nach mir Raginbertocurtis heissen. Das war auch ganz überflüssig, denn dafür sorgte die ländliche Bevölkerung schon ganz unaufgefordert von selber. Die Mitwirkung des Grundherrn ist bei der Namengebung lediglich passiver Art. Er duldete es, dass man seinen Namen dabei verwandte.

Noch bis in die neueste Zeit kommen ähnliche Fälle in manchen ländlichen Gegenden Deutschlands vor. So erfuhr ich, dass in der brandenburgischen Lausitz die Gutsbevölkerung die Höfe vielfach nach ihren Besitzern benennt, und dass bei Besitzwechsel der Ort einen anderen Namen erhält. Selbstverständlich werden diese Namen nicht offiziell, aber in der ländlichen Bevölkerung haben sie trotzdem ihre Geltung. Solche Vorgänge haben für uns die Bedeutung, klar zu zeigen, wie stark der in der Natur des Volkes begründete Drang zur Namengebung sein muss, wenn ihn sogar unsere Zeit der offiziellen Nomenklaturen noch nicht völlig hat vertilgen können.

Aller Wahrscheinlichkeit nach waren die Verhältnisse auf dem Boden Galliens ähnlicher Art. Denn der geschilderte Vorgang beruht auf einer allgemein menschlichen Beanlagung, die, wo es auch sein mag, sich zur Geltung bringt. Und wenn aus einer linksrheinischen, heute deutschen Gegend diese Art der Ortsnamenentstehung sogar urkundlich beglaubigt ist, so darf nach dem Gesagten wohl angenommen werden, dass die Benennung durch die breiteren Volksmassen der gewöhnliche, der Regel entsprechende Fall war: Im Jahre 848 schenkt die Gräfin Wiligart an das Kloster Hornbach „curtim meam, quae ex attavae meae cognomine Willigartlawisa ab incolis appellata est, in pago Spirensi in comitatu Sigeri comitis" [1]).

Möglich, dass es dann auch in Gallien in der frühesten Zeit vorkam, dass ein Ort bei Besitzwechsel einen neuen Namen erhielt und dass manche der topographisch nicht feststellbaren ältesten urkundlichen Namen Ueberbleibsel einer solchen noch im Flusse befindlichen Nomenklatur sind.

Freilich von Schiber war es zweckmässig gehandelt, die Vermutung einer sehr starken aktiven Beeinflussung der Ortsnamengebung durch die Grundherren aufzustellen. Gewann er doch dadurch ein Moment, welches für die von ihm aufgestellte Regel zu sprechen schien, nach der die Grundherren der Weilerorte Germanen waren.

In jedem dieser Orte hatte dann also der Grundherr gewissermassen Zeugnis abgelegt von seiner germanischen Nationalität. Und brachte man diese Orte fein säuberlich auf eine Karte, so hatte man das schönste

---

[1]) (Tubouillot), Histoire de Metz, Bd. 3, S. 24.

Bild von der Lagerung und Verbreitung jener Siedelungen Galliens, in denen über einer romanischen Bevölkerungsmasse ein germanischer Grundherr mit grösserer oder geringerer germanischer Gefolgschaft sass. Es ist nur Eines dabei schade, dass sich nämlich beim besten Willen der Einfluss der deutschen Sprache, wie er sich bei der Bildung der Weilernamen zu erkennen giebt, nicht in der Art topographisch isolieren lässt. Wir sahen oben, dass in den Orten, welche keinen Weilernamen als Ortsnamen führen, diese als Flurnamen sehr zahlreich vorkommen.

War nun in allen diesen vielleicht auch ein germanischer Grundherr mit oder ohne germanisches Gefolge, der die Entstehung dieser auf französischem Boden allen Gesetzen der Grammatik Hohn sprechenden Formen auf dem Gewissen hat?

So direkt kann eben die Entstehung der Weilernamen nicht auf anwesende Angehörige germanischer Nationalität zurückgeführt werden. Es ist sicher, dass solche Namen entstanden sind in Orten, an denen Germanen überhaupt nicht anwesend oder doch in so geringer Zahl waren, dass sie unmöglich bei der örtlichen Namengebung einen so bestimmt hervortretenden Einfluss ausüben konnten. Aus dem Grunde bleibt für mich als einzige Möglichkeit der Erklärung übrig, dass die germanische Einwanderung auf die romanische Sprache Nordgalliens derartig eingewirkt hat, dass sie diese den deutschen verwandten Bildungen wieder schaffen konnte. Dass es thatsächlich geschehen ist, lässt sich nach den oben mitgeteilten Beispielen nicht bezweifeln. Diese Namen sind in romanischer Sprache geschaffen worden, also muss diese die Fähigkeit zu solchen Bildungen in einem provinziell begrenzten Bereiche wiedererlangt haben. Und man braucht gar nicht für jeden Fall ihrer Entstehung die Anwesenheit germanischer Geburtshelfer anzunehmen. — Durch die germanische Einwanderung hat die romanische Sprache Nordfrankreichs die Fähigkeit zu solchen Bildungen wiedererlangt. Nachdem dies geschehen, konnten in ihr Formen vom Weilertyp geschaffen werden. Und die persönliche Assistenz von Germanen war dabei überflüssig.

Das ist es, was ich in meiner früheren Schrift in die kurzen Worte zusammengefasst habe: „Der hier wirksame deutsche Einfluss ... war weit mehr ein sprachlicher, als ein ethnographischer" (S. 65).

Die soeben von mir berührte Thatsache, dass sich die Weilernamen auf einen verhältnismässig kleinen Teil Frankreichs (Nordfrankreich etwa bis zur Loire) beschränken, hat ein Kritikus[1]) gegen mich ins Feld geführt in der glücklich unbefangenen Meinung, damit meinem ganzen Gebäude den Boden zu entziehen. Und auch Schiber, obwohl er in der Auffassung der Nationalitätsfrage meinem Standpunkte sehr nahe kommt, ist in ähnlichem Sinne gegen mich vorgegangen.

Nun, man möge sich beruhigen. Wenn mein System auf so schwachen Füssen stände, um durch den Hinweis auf eine einzige derartige, mir längst bekannte Thatsache zu Fall zu kommen, so hätte

---

[1]) Wrede in der Historischen Zeitschrift N. F. 35, S. 498.

ich es sicherlich nur zu meiner Privatunterhaltung verwandt und der Herr Kritikus würde nichts davon erfahren haben. Davon, dass er meine wichtigsten, auf urkundlich beglaubigten Thatsachen beruhenden Gründe, die durch obigen Hinweis nicht im geringsten berührt werden, vollständig mit Stillschweigen übergangen hat, will ich nicht einmal etwas sagen. Daran hat man sich bei der heutigen Kritik schon längst gewöhnt. Ich nehme es ihm auch gar nicht übel, denn vermutlich wusste er nichts gegen sie einzuwenden. Er handelte also mit löblicher Vorsicht.

Doch zur Sache! Die Mitwirkung germanischen Einflusses bei der Entstehung der Weilernamen habe ich ja von Anfang an zugegeben. Es handelt sich also um einen Germanismus auf romanischem Boden. Aus welchem Grunde sich nun ein solcher Germanismus über das ganze Gebiet Galliens hätte ausdehnen müssen, ist mir unerfindlich. Haben wir doch auch im Deutschen Gallizismen, die sich auf das Elsass, Baden und Schwaben beschränken.

Germanismen treten in der französischen Sprache wie Gallizismen in der deutschen gemeiniglich an solchen Stellen auf, die der Einwirkung vom Auslande besonders ausgesetzt sind, und schwächen sich dann allmählich ab, bis sie weiter im Innern ganz verschwinden. Warum soll sich diese Erscheinung nun bei den Weilernamen nicht auch zeigen? Warum soll nicht auch eine Linie im Innern Frankreichs sich herausgebildet haben, über die sie nicht hinaus kamen?

Wenn, wie der Kritikus zu meinen scheint, die Weilerorte die Wohnsitze einer deutschen Bevölkerung waren, aus welchem Grunde deckt sich dann ihr Verbreitungsgebiet nicht entfernt mit demjenigen der wirklich deutschen Ortsnamen in Frankreich? Warum giebt es in Limousin und im Lyonnais, wo sich doch deutsche Ortsnamen nachweisen lassen, durchaus keine Weilernamen? —

Das hat ja auch Schiber zugegeben, dass die Verbreitung der Weilernamen mit den wirklich deutschen Formen in Gallien beinahe nichts gemein hat. Deswegen musste die künstliche Hypothese von den Militärkolonieen aushelfen. Dass auch er obiges Argument gegen mich ins Feld geführt hat, war sehr unvorsichtig gehandelt, denn es spricht weit weniger gegen mich, als gegen ihn selber.

Nach seiner Annahme haben die Weilerorte durchaus germanische Grundherren, die sich in hervorragender Weise an der Benennung des Ortes beteiligt haben. Die Weilernamen nehmen aber nur einen Teil Nordfrankreichs ein.

Nun ist es aber eine ganz unbezweifelbare Thatsache, dass die fränkischen Könige an Grosse ihres Stammes Lehen weit über das Ausbreitungsgebiet der Weilernamen hinaus gegeben haben. Waren nun die fränkischen Grundherren in Bezug auf Ortsnamenbildung so leistungsfähig, wie Schiber meint, warum haben sie dies Talent nicht auch in anderen Gegenden des Frankenreichs zur Geltung gebracht und dort entsprechende Ortsnamen gemacht?

Es zeigt sich also, dass die eigenartige Begrenzung des Gebietes der Weilernamen in Frankreich zunächst für meine Auffassung hinsichtlich der Namengebung spricht, dass nämlich bei dieser nicht die Grundherrschaft, sondern die Masse der Bevölkerung massgebend ist. Und wenn die fränkischen und sonstigen germanischen Grossen im übrigen Gallien keine Ortsnamen zuwege gebracht haben, so werden sie auch an der Entstehung der Weilernamen auf keinen Fall mehr als eine passive Mitwirkung aufzuweisen haben.

Weiter ist damit die Annahme der Notwendigkeit eines direkten Mitwirkens von Germanen bei dieser Nomenklatur abermals widerlegt. Denn da von dichteren germanischen Bevölkerungsmassen auch im Norden Frankreichs keine Rede sein kann, musste ein direktes Mitwirken von Germanen bei dieser Namengebung im wesentlichen auf die germanischen Grundherren zurückgeführt werden. Da aber ein solches Hervortreten der Grundherren bei der Namengebung nicht aufrecht erhalten werden kann, bleibt wiederum als einzige Möglichkeit die Annahme, dass die im Norden Galliens geredete romanische Sprache infolge der beständigen Beeinflussung, der sie von deutscher Seite ausgesetzt war, die Fähigkeit zu solchen Namensbildungen erlangte.

Zu der Herbeiführung dieser sprachlichen Wandelung haben natürlich sämtliche eingewanderten Germanen beigetragen. Ihre Anwesenheit hat die Grundlage für sie geschaffen. Und so gehen die Weilernamen allerdings mittelbar auf sie zurück, insofern durch die von ihnen ausgehende Einwirkung die romanische Sprache zu solchen Bildungen fähig wurde. Aber selbst geschaffen haben sie diese Namen nicht. Dieselben sind also doch, trotz des in ihnen enthaltenen Germanismus, eine romanische Nomenklatur, denn sie waren die Schöpfung einer romanisch redenden Bevölkerung, bei der zwar ein germanischer Einfluss vorwiegend sprachlicher Art mitgewirkt hatte, die aber ohne örtliche Anwesenheit von Germanen innerhalb einer rein romanischen Bevölkerung vor sich gehen konnte und vor sich gegangen ist.

Dass es einiger Zeit bedurfte, bis dieser Germanismus Heimatsberechtigung im nördlichen Gallien erwerben konnte, liegt auf der Hand. Deutliche Anzeichen dafür finden sich sogar in den älteren Urkunden jetzt deutsch redender Gebiete. So kommen in den Traditiones Wizenburgensis folgende Namen vor: 699 „villa Audowino" (Audweiler, Kanton Saaralben) und „villa Gundwino" (Gunzweiler). 712 „villare Adoaldo vel Gebolciagus" (Geblingen); derselbe Ort heisst 713 „villa Geboaldo"; 712 „villa Teurino" (unbestimmbar, Kanton Saarburg), gleichzeitig „villa Rimoni" (Rimsdorf, Kanton Saarunion); 717 „villa Audoinga" (Audweiler) und „villa Charibode" (Herbitzheim, Kanton Saarunion). Also spätere Weilernamen in der den romanischen Sprachen angemessenen Fügung, welche dem Grundworte die erste Stellung anweist. Die grosse Masse der Weilernamen zeigt indessen schon damals die umgekehrte, der germanischen Namenbildung entsprechende Anordnung. Und bald genug vollzieht sich diese Umkehrung der Reihenfolge von Grund- und Bestimmungswort auch bei den soeben genannten Namen.

Es darf wohl angenommen werden, dass sich diese romanische Anordnung in früherer Zeit noch weit häufiger fand und dass die

---
[1]) Vgl. Strassburger Studien Bd. I, S. 114 ff.

genannten Namen nur noch die letzten Spuren einer früher allgemeineren Erscheinung darstellen.

Wenn also, wie wir sahen, der bei der Entstehung der Weilernamen wirksame deutsche Einfluss als ein sprachlicher nicht an die örtliche Anwesenheit von Germanen gebunden war, so liegt auch durchaus kein zwingender Grund vor, für sämtliche Weilerorte germanische Grundherren anzunehmen. Ich bin daher auch jetzt nicht in der Lage, mehr als die Möglichkeit ihres Vorhandenseins zugestehen zu können.

Das ist ja sicher: Bis sich die germanischen Personennamen in Gallien einbürgerten, musste eine bestimmte Zeit verstreichen. Die bis dahin entstandenen Weilernamen mit germanischen Namen im ersten Gliede haben sicher einen germanischen Grundherrn gehabt. Diese Orte auszuscheiden, dürfte indessen sehr schwer halten.

Nachdem sich aber die germanischen Personennamen in Gallien vollständig eingebürgert hatten, kann man sicher noch mit einer erheblichen Anzahl fränkischer Grundherren rechnen. Aber von diesem Zeitpunkt an konnte der germanisch benannte Grundherr, von dem der Ort seinen Namen empfing, auch ein Romane sein, und dies um so mehr, als am Hofe der Merovinger von vornherein romanische Edle eine bedeutende Rolle spielten. So kann ich in Bezug auf den einzelnen Weilerort thatsächlich nur die Möglichkeit zugeben, dass der namengebende Grundherr Germane war. Denn wer will beweisen, dass er es nach obigem sein musste?

Darüber etwas Sicheres zu ermitteln, dürfte sehr schwer halten. Wir müssen uns damit begnügen, zu wissen, dass eine fränkische Einwanderung in Gallien stattgefunden hat. Eine nähere Bestimmung ihrer Stärke, ihrer Verteilung über das Land oder gar ihre topographische Fixierung ist nicht zu erreichen. Und wenn Schiber auf seiner beigegebenen Karte die Verbreitung der Weilernamen in Gallien zur Darstellung gebracht hat, so sind wir ihm dafür dankbar, denn wir können jetzt mit einem Blick eine Anschauung von ihrem Ausbreitungsgebiete und damit gleichzeitig von dem Bezirke eines starken germanischen Einflusses gewinnen, der auch die Ortsnamengebung in Mitleidenschaft zu ziehen vermochte.

Aber darüber können wir uns nicht täuschen: Ein auch nur annähernd treues Bild von der Zerstreuung der fränkischen Volkssplitter über Gallien bietet die Karte nicht. Denn einmal ist der Beweis immer noch nicht erbracht, dass in allen Weilerorten fränkische Volkselemente vorhanden waren, und zweitens ist es ganz sicher, dass solche auch in zahlreichen anders benannten Orten weit über das Weilergebiet hinaus vorkamen.

Ortsnamenverzeichnis.

Die grössere Ziffer bezeichnet die Seite, die kleinere die Zeile von oben an gerechnet.

Aboncourt s. Endorf.
Alben, Aube 509 [103], 47. 513 [107], 11.
Algringen 486 [80], 13. 519 [113], 19.
Altdorf 437 [31], 19. 20. 486 [80], 17.
Amelange 473 [67], 4. 475 [69], 11. 476 [70], 2.
Amnéville, Amereyv. 434 [28], 22. 470 [64], 40. 471 [65], 20, 42. 486 [80], 9.
Ancy 520 [114], 35, 41.
Angledorf (abgeg. bei Ennery) 440 [34], 9, 32. 491 [85], 12, 41. 492 [86], 4, 15.
Argancy 441 [35], 26. 492 [86], 26. 493 [87], 2.
Armsdorf, Arraincourt 447 [41], 4, 9, 12. 459 [53], 19. 518 [112], 6, 12, 34.
Arraye 509 [103], 42. 513 [107], 7.
Arriance, Argenchen, Argentz 444 [38], 10, 12, 17, 20, 27, 31, 37, 42. 486 [80], 10. 497 [91], 22, 24, 29.
Ars 509 [103], 44. 513 [107], 9. 520 [114], 40.
Arzweiler, Angevillers, Anxvilleir 427 [21], 4, 9. 480 [74], 9, 27. 486 [80], 7. 519 [113], 7, 17, 20.
Auboué 509 [103], 43. 513 [107], 12.
Audun-le-Roman 425 [19], 7, 25, 29, 41. 486 [80], 7.
Audun-le-Tiche s. Deutsch-Oth.
Audweiler 530 [124], 14, 16.
Aulnois 510 [104], 1.
Aumetz, Almas 426 [20], 27, 29, 39. 479 [73], 44. 480 [74], 22. 485 [79], 19. 486 [80], 14.
Avancy 519 [113], 19.
Avricourt, Elfringen, Elbr. 459 [53], 32. 460 [54], 40. 461 [55], 9, 20, 21, 23, 27. 486 [80], 13. 499 [93], 24.
Avril 486 [80], 9. 519 [113], 36.
Ay, Aiey, Eiche 435 [29], 13, 14 ff. 441 [35], 9, 19. 486 [80], 9. 488 [82], 7, 32, 46. 489 [83], 6, 13, 21, 30, 31. 490 [84], 30. 491 [85], 7. 492 [86], 39.

Bacourt 519 [113], 31.
Bathélémont, Bettemberg 452 [46], 32 ff. 453 [47], 12. 486 [80], 12. 499 [93], 28.
Belvaux 472 [66], 1.
Bergheim, Bréhain bei Dalheim 486 [80], 19.
— bei Audun-le-Roman 467 [61], 11. 486 [80], 14. 512 [106], 22.
Beringen, Belraingez 449 [43], 37 f. 450 [44], 14 ff. 499 [93], 35.
Berstett 464 [58], 31.
Bettsdorf, Bettlainville 437 [31], 40. 438 [32], 27, 35, 39. 480 [74], 40. 481 [75], 47. 482 [76], 9, 17, 30, 29, 41. 486 [80], 9. 487 [81], 11, 32. 492 [86], 28. 519 [113], 37. 520 [114], 6.
Bettstein, Bassompierre 425 [19], 9. 426 [20], 34.
Beuvillers 486 [80], 7.
Bevingen bei Justemont 486 [80], 15.
Bezange (Bessingen) -la-grande 464 [58], 39. 477 [71], 36. 516 [110], 37. 521 [115], 2. — la-petite 457 [51], 25. 463 [57], 9, 30, 37. 464 [58], 6, 15.
Biederstorff 452 [46], 21.
Bioncourt 513 [107], 19.
Bizingen, Bannay, Bennee 443 [37], 37.
Blamont 462 [56], 27, 31.
Blettingen 486 [80], 16.
Bollingen 425 [19], 5. 486 [80], 14.
Bonvillers 513 [107], 40.
Borny 510 [104], 22.
Bourdonnay, Bortenach 458 [52], 24, 32. 486 [80], 12. 501 [95], 18.
Bouxières-sous-Froimont 510 [104], 2. 513 [107], 13.
Bricy 427 [21], 29, 31. 428 [22], 31. 475 [69], 29, 45.
Brittendorf, Burtoncourt 439 [33], 19. 440 [34], 2.
Bronvaux, Buchfelt 429 [23], 30, 35, 40. 430 [24], 19. 472 [66], 16 ff.

Broville 516 [110], 7.
Brülingen 486 [50], 10. 518 [112], 8.
Budange 434 [28], 20.
Bures 463 [57], 12. 516 [110], 14. 521 [115], 2.
Burlioncourt, Brullonc. 448 [42], 29, 27. 486 [80], 11. 499 [93], 20, 20. 518 [112], 29.

Chailly bei Ennery 441 [35], 41. 442 [36], 1, 4, 8. 492 [86], 28. 493 [87], 2.
Chambrey 456 [50], 20.
Champion 442 [36], 8. 492 [86], 41. 493 [87], 2.
Chanville 513 [107], 43.
Charly 510 [104], 4. 513 [107], 14.
Château-Bréhain 447 [41], 18, 22.
Châtel s. Germain 513 [107], 20.
Chelaincourt, Ostelainc., Oxellainc., Usstorff 435 [29] ff. 480 [74], 40. 483 [77], 4, 19, 20. 484 [78], 2, 19, 22. 487 [81], 17. 491 [85], 2. 492 [86], 29.
Chérisey 492 [86], 46.
Chicourt 447 [41] f. 486 [80], 11. 494 [88] ff. 518 [112], 29.
Clairvaux 472 [66], 1. 499 [93], 24.
Condé-Northen 442 [36], 22. 443 [37], 20. 467 [61], 12. 480 [74], 13. 493 [87], 14, 25. 512 [106], 24. — Condé 486 [80], 2. 493 [87], 13 ff. — Northen 486 [80], 17. 493 [87], 28.
Conz 479 [73], 14.
Courcelles 486 [80], 10.

Dalheim 467 [61], 12. 486 [80], 18. 512 [106], 25.
Destrich, Destrey 447 [41], 14, 18.
Deutsch-Oth, Awedeu le thiexe 425 [19], 29, 42. 426 [20], 22. 479 [73], 27, 44. 480 [74], 22. 485 [79], 26.
Diedenhofen 519 [113], 7, 25.
Dieuze 418 [12], 23.
Dingdorf 520 [114], 19.
Domèvre 462 [56], 21.
Donnelay, Dunningen 456 [50], 27. 458 [52], 17 ff.
Dornot 499 [93], 25. 510 [104], 8. 513 [107], 17.
Dürkastel, Château-Voué, Chastelz 450 [44], 8 ff. 499 [93], 13.

Endorf, Aboncourt 437 [31], 4 ff. 480 [74], 22. 485 [79], 41. 519 [113], 48. 520 [114], 2.
Ennery, Anerey, Undrichen 440 [34] f. 475 [69], 8. 491 [85] ff. 495 [89], 22, 46. 503 [97], 14, 42.
Epfich 464 [58], 11.
Errouville 486 [80], 7.
Escheringen 519 [113], 18.

Falkenberg 444 [38], 27.
Fentsch, Fontoy 426 [20] f. 480 [74], 12. 486 [80], 8.
Fèves 431 [25], 1, 2. 474 [68], 22.
Flavigny 520 [114], 13.
Fleury 510 [104], 8. 513 [107], 18. 519 [113], 41. 520 [114], 26.
Flévy, Flavey, Fleische 435 [29] ff. 440 [34], 12, 19. 441 [35], 5, 6. 488 [82] ff. 503 [97], 25.
Folkringen, Foulcrey 459 [53], 22. 460 [54], 22. 486 [80], 19.
Frackelfingen 462 [56], 11.
Frécourt 444 [38], 6.
Frémecourt 431 [25], 12, 17.
Frémery 447 [41], 41. 450 [44], 22. 520 [114], 41.
Frémonville, Frembtingen 462 [56], 21.

Gandringen, -delange 434 [28], 19, 26. 470 [64], 41. 471 [65], 22, 24. 486 [80], 16.
Geblingen 530 [124], 23.
Gehnkirchen 442 [36], 20 ff.
Genesdorf 451 [45], 24 ff.
Gerbécourt 451 [45], 16.
Geverey (abgeg. bei Ennery) 440 [34], 10 ff.
Goin 510 [104], 33.
Gras 520 [114], 25.
Gunderchingen, Gondrexange 459 [53], 21, 22.
Gunzweiler 530 [124], 24.

Hagendingen 486 [80], 16.
Hampont 455 [49], 18.
Harraucourt 455 [49], 19 ff. 486 [80], 12. 501 [95], 7. 518 [112], 28.
Hattigny, Hüttingen 462 [56], 16 ff.
Hauconcourt 475 [69], 4.
Haute-Seille 458 [52], 15, 19. 459 [53], 7, 12. 501 [95], 29.
Havingen 486 [80], 14. 519 [113], 15.
Hayingen 486 [80], 15.
Hémilly 486 [80], 10.
Herbitzheim 530 [124], 20.
Herny, Herlingen 445 [39], 1, 8.
Hessingen 437 [31] f. 442 [36], 9. 467 [61], 12. 480 [74], 29. 481 [75] ff. 487 [81], 14. 488 [82], 29. 512 [106], 24. 519 [113], 28.
Homécourt 513 [107], 43.

Jeandelize 510 [104], 34. 513 [107], 29.
Juvelize, Gerskirchen, Geverlize 456 [50] ff. 486 [80], 19.

Kerprich bei Dieuze 416 [10] ff. 423 [17], 2.
Kneutingen 486 [80], 13.
Koblenz 520 [114], 26.
Kurzel 444 [38], 6.

Lascemborn 467 [61], 12 486 [80], 19. 512
 [106], 23.
Leirs (abgeg. bei Maizières bei Metz) 431
 [25] f. 472. [66] ff. 516 [110], 38. 521
 [115], 2.
Lesse 446 [40] f. 486 [80], 11.
Lessy 492 [86], 47. 510 [104], 9. 520 [114], 47.
Ley 458 [52], 8, 16. 486 [80], 12. 499 [93], 24.
Leyr 510 [104], 19. 513 [107], 20.
Lezey 457 [51], 24 ff. 486 [80], 12. 499
 [93], 24. 501 [95], 10, 14. 520 [114], 41.
Liéhon 520 [114], 24.
Lommeringen 428 [22], 23.
Loyville 514 [108], 1. 519 [113], 31.
Lucy, Lecey 446 [40], 26, 29. 486 [80], 11.
 498 [92], 40. 499 [93], 8, 14.
Lüttingen 486 [80], 16.

Maizeroy 444 [38], 1.
Maizières bei Metz 431 [25] f. 472 [66], 47.
 473 [67], 42. 474 [68], 22.
Maizières bei Vic 459 [53], 12.
Malbonpré 516 [110], 10.
Mancy 437 [31], 40. 438 [32], 44. 480 [74] ff.
 486 [80], 9. 487 [81], 11, 23. 492 [86], 27.
Marbach 465 [59] f. 477 [71], 28. 516
 [110], 29, 41. 521 [115], 2.
s. Marie-aux-Chênes 509 [103], 49. 510
 [104], 14.
Maringen 433 [27], 2 ff. 467 [61], 11, 30.
 469 [63] ff. 474 [68], 14. 475 [69], 24 ff.
 477 [71], 12. 485 [79], 29. 512 [106], 24.
 517 [111], 14, 20.
Marsal 418 [12], 32. 448 [42], 14, 24. 450
 [44], 11. 452 [46] ff. 485 [79], 17. 495
 [89], 14, 44. 500 [94] f.
s. Martin bei Marsal 453 [47] ff. 501 [95], 7.
Maxstatt 415 [9] f. 423 [17], 1.
s. Médard 450 [44], 2, 19, 33. 452 [46] f.
 499 [93] f.
Mercy-le-haut 425 [19], 25.
Metz 418 [12], 38. 429 [23], 22, 30. 434
 [28], 20. 439 [33], 12. 440 [34], 5. 442
 [36], 14. 443 [37], 35. 446 [40], 27. 449
 [43], 17. 454 [48], 36. 458 [52], 17. 469
 [63], 15. 472 [66], 20, 40. 473 [67], 45.
 475 [69], 14. 20, 44. 483 [77], 12. 492
 [86], 21, 30. 499 [93], 23, 28. 503 [97] f.
 509 [103] ff. 519 [113], 40.
Moivrons 510 [104], 14. 513 [107], 22.
Moncler 472 [66], 5.
Mondelingen 441 [35], 18.
Mörchingen 496 [90], 25, 26.
Morlingen 486 [80], 15.
Mörspurg 459 [53], 31.
Morville bei Vic 455 [49], 25. 519 [113], 32.
Moussey, Mietsch 459 [53], 31. 460 [54], 31.
 461 [55], 21, 33. 486 [80], 12.
Moyenvic 453 [47], 32. 456 [50], 11.
Moyeuvre 427 [21], 25. 429 [23], 2, 5, 7.
 486 [80], 9.

Mulcey 451 [45], 29, 32. 453 [47], 12. 485
 [79] f.
Murville 514 [108], 2. 519 [113], 32, 41.

Nidingen 486 [80], 17.
Niedbrücken, Pontigny 442 [36], 25. 443
 [37], 29, 32.
Niederum, -heim 467 [61], 12. 486 [80], 17.
 512 [106], 24. 518 [112], 6, 11, 14.
Nomény 520 [114], 37.
Norroy 510 [104], 15. 513 [107], 22. 515
 [109], 7.
Noveant 519 [113], 40.

Obreck 449 [43] f. 467 [61], 12. 486 [80], 15.
 512 [106], 25.
Oetringen 486 [80], 15. 519 [113], 19.
Ommeray 486 [80], 12.
Oron 448 [42], 7
Outremont 446 [40], 24.

Pange 444 [38], 1.
s. Pierremont 427 [21] f. 486 [80], 8.
Pierrevillers 431 [25], 28. 433 [27] f. 470
 [64] f. 517 [111] f.
Pontigny s. Niedbrücken.
Poutoy 510 [104], 17. 513 [107], 24.
Puttigny, Petigneit 451 [45], 3, 13, 19.
Puzieux 510 [104], 18.

Raucourt 514 [108], 4. 520 [114], 37.
Rechicourt-la-petite 464 [58], 24, 26.
Recourt 455 [49], 26, 29. 501 [95], 9.
Rémilly 448 [42], 19. 496 [90] ff. 509
 [103], 17.
Retonfey 520 [114], 34.
Richeval 462 [56], 6, 11.
Rimsdorf 530 [124], 37.
Rixingen, Ricecuria 450 [53] ff. 486 [80], 19.
Rollingen 444 [38], 1. 486 [80], 17.
Rombach, Romebaiz etc. 427 [21] ff. 433
 [27], 32. 434 [28], 18. 467 [61], 30. 468
 [62] ff. 475 [69], 24, 41. 517 [111], 15, 20.
 518 [112], 4.
Röhringen 475 [69], 16.
Rosslingen, Rocherangea 428 [22] f. 467
 [61] ff. 474 [68], 16. 475 [69], 24, 41.
 477 [71], 12. 485 [79], 29. 512 [106], 22.
 517 [111], 21.
Rouvrois-sur-Othain 510 [104], 19. 513
 [107], 25. 519 [113], 29.
Rozérieulles 520 [114], 29.

Sablon 510 [104], 6. 518 [107], 16.
Salival 418 [12], 32. 448 [42], 20. 450
 [44], 7, 17, 24. 453 [47], 26, 29. 454 [48],
 21, 29. 456 [50], 10, 24. 458 [52], 1, 9.
 499 [93], 24.
Sancy 425 [19], 16. 428 [22], 24.
Scy 513 [104], 30.
Semécourt 430 [24] ff.

Serrouville 426 [20], **20**.
Servigny 486 [80], **19**.
Sierck 479 [73], **14, 15**.
Silvingen, Ciellevange 432 [26] f. 467 [61].
 12. 16. 469 [63] ff. 474 [68], **16**. 475
 [69], **24, 40, 43**. 477 [71], **12**. 485 [79], **29**.
 486 [80], **9**.
Sponville 516 [110], **2**.
Strassburg 490 [84], **20**.

Talingen 467 [61], **12**. 486 [80], **16**. 512
 [106], **24**.
Thicourt, Diedersdorf 445 [39], **9, 13, 27**.
 486 [80], **11**. 493 [87], **30**. 494 [88], **7, 28**.
 518 [112], **1** ff. 521 [115], **19**.
Thil 426 [20], **11**.
Tiercelet, Lare 425 [19] f. 431 [25], **32**.
 486 [80], **14**.
Trémery, Tromerchin 434 [28] ff. 486
 [80], **9**. 488 [82] ff. 503 [97], **15**.
Trier 452 [46], **1**. 520 [114], **30**.

Urbeis, Urbach 468 [62], **38**.

Vallières 492 [86], **47**.
Vannecourt 450 [44], **15**. 486 [80], **11**.
Vaux 510 [104], **21**.
Vaxy, Waixel 450 [44], **40, 43**. 451 [45], **2**.
 519 [113], **24**.
Verely 510 [104], **22**.

Verdun 427 [21], **26**. 432 [26], **43**. 469
 [63], **37**.
Vergaville, Warguav., Widerstorf 418
 [12], **32**. 450 [44], **15**. 451 [45] ff.
Verneville 514 [108], **6**.
Vertignecourt (abgeg.) 451 [45], **2**.
Vessenheim 464 [58], **32**.
Vic 456 [50], **16, 18**. 500 [94], **24**. 503
 [97], **6, 9**. 513 [107], **31**.
Vigy 442 [36], **9, 11, 19**. 481 [75], **43**. 486
 [80], **9**. 513 [107], **27**. 520 [114], **2**.
Villere, Dorf 520 [114], **21, 22**.
Villers-Bettnach 427 [21], **6, 12, 18**.
Villers bei Rombach 427 [21], **34**. 470
 [64], **41**. 471 [65], **12, 42**.
Villerupt, -ruex, -ruelz 426 [20], **13, 20, 23**.
 472 [66], **1**. 480 [74], **4, 27**.
Vitry, Hiterez 428 [22], **11**. 470 [64] f.
 486 [80], **8**.
Vry 486 [80], **9**.

Waibelskirchen, Varize, Werrixe 443
 [37], **24, 42, 43**.
Walderchingen 469 [63], **4**.
Weisskirchen, Blancheéglise 451 [45], **16**.
 452 [46], **2**. 457 [51], **2**.
Widelingen 467 [61], **13**. 512 [106], **26**.
Wieblingen 486 [80], **17**.
Woippy 519 [113], **40**.
Wuisse, Wice 449 [43], **24, 41**.